FRANÇOIS VILLON

Poésies

Préface
de Tristan Tzara

Édition établie,
présentée et annotée
par Jean Dufournet
Professeur à la Sorbonne

DEUXIÈME ÉDITION REVUE

nrf

GALLIMARD

PRÉFACE

... Constamment en marge du drame et du risque, successivement ponctuée par des chutes et des repentirs, mêlée aux railleries et aux mystifications où la profondeur du sentiment côtoie la légèreté et le défi, la vie tourmentée de Villon doit l'éclat de son dessin et de son mystère au fait d'avoir été doublée par la nécessité du poète de s'exprimer tout au long, non pas à l'aide d'un commentaire, mais avec la voix même de cette tendresse intérieure, foyer constant de chaleur et de fraternité, qui, nous prenant pour témoins, nous rend également solidaires de sa détresse. Si forte et insinuante est la valeur persuasive de la poésie de Villon, que souvent il nous semble toucher à un état de conscience mis à nu, tandis que la nudité même de sa voix est empreinte d'une douleur qui dépasse les conditions temporelles où elle se situe. C'est par le particularisme individuel de sa poésie que Villon atteint à l'universel. Celui-ci peut parfois être si localisé que les détails nous échappent. Leur vraisemblance cependant est assez fondée pour que, même incompréhensibles, ils ressortissent à la vision cohérente, sinon imaginaire, d'un monde fermement constitué.

Il existe un monde de Villon, un monde ayant pris ses contours à travers sa poésie et qui s'impose à nous jusqu'à s'identifier avec l'image que nous nous faisons de ce XVᵉ siècle bruyant et goguenard, savant et procédurier, bourgeois et paillard à la fois. Néanmoins, le mérite de cette poésie ne réside pas dans la création descriptive de ce monde, mais dans la mise au point d'une réalité proprement poétique, dépassant par conséquent les contingences formelles et anecdotiques du milieu ambiant.

A force de se demander ce qu'est la poésie, on a tendance à perdre de vue l'objet qui lui est propre, celui de n'être significatif que dans la mesure où il est exceptionnel, unique et irremplaçable sur l'échelle des valeurs spirituelles. Je veux dire que son efficacité est contenue dans l'expression de sa qualité vécue, même si son pouvoir de communication n'est pas rigoureusement conforme à l'intention du poète. L'important est qu'elle réponde à une série de justifications latentes dans l'esprit du lecteur qui, lui, se charge de faire assumer une interprétation valable au sens de chaque proposition. Il n'est pas besoin de se demander quelle a été la signification exacte de la poésie de Villon à telle ou telle époque, puisque, même si le centre de notre attention est aujourd'hui déplacé, cette poésie contient assez de vigueur pour nous émouvoir en nous contraignant de la suivre vers un de ses multiples débouchés.

Ce qui confère à toute œuvre poétique la puissance sonore du lointain écho qu'elle suscite est en quelque sorte amorcé par une unité de ton, une heureuse rencontre de l'expérience vécue et de sa traduction adéquate dans un langage transgressant sa valeur conceptuelle. Il y a un langage propre à la poésie, mais chaque poète doit être en mesure de l'inventer, de l'adapter à sa convenance.

La question qui se pose est de savoir si les facteurs spécifiques de sa trame une fois réduits, un résidu commun peut être décelé à la base de la poésie comme un sentiment propre à la nature de l'homme, comme une fonction latente de son esprit. Dans quelle mesure cette fonction, liée à l'acte du penser, agit-elle sur l'homme? Pourra-t-elle, isolée de l'ensemble des activités mentales, s'ériger en un mode de connaissance?...

Chez Villon, la simplicité par laquelle il entend donner une suite communicable à des faits réels, rend plus sensibles les subites élévations de ton dans lesquelles nous sentons circuler ce souffle lyrique qui échappe à la description. Il y a dans sa poésie une direction intentionnelle de sa pensée vers un but qu'il s'assigne, celui de convaincre le lecteur, d'entraîner son adhésion à des sentiments et des pensées et une part qui s'en dégage, à l'état naissant, pour ainsi dire, où le centre de gravité porte sur une plus secrète faculté de l'esprit se manifestant surtout par une activité non soumise au contrôle de la conscience.

On enregistre, après Villon, l'essai de définir plus explicitement le genre poétique. Mais la spécialisation dans ce domaine, ayant réglé le régime des tabous poétiques et aussi celui de ses dispositifs formels et sentimentaux, rend du même coup plus malaisée la reconnaissance de la part de poésie résiduelle. Était-ce là un effort des poètes d'approcher l'essentiel de la poésie ? Toujours est-il qu'à vouloir cultiver le poétique en le distinguant du prosaïque et l'articuler dans un système limité, on est arrivé à voiler la puissance d'émotion réelle de nature poétique sous un fatras de formules académiques. Quelques poètes, au cours de l'histoire, ont su les réduire à leurs justes proportions. On pourrait avancer que la volonté pratique de produire des œuvres poétiques tue la poésie. Celle-ci ne serait, dans ce cas, qu'un surplus, un dépassement, une qualité ajoutée à la détermination volontaire du poète.

La poésie de Villon participe d'un état d'esprit ingénu où la fraîcheur de sentiment n'est pas encore ternie par les spéculations intellectuelles que l'on ne tarda pas à y introduire. Celles-ci, rançon de la prise de conscience de la raison discursive et parallèles au perfectionnement de la science, caractérisent l'ère moderne.

Il faut convenir que la poésie de nos jours, surtout depuis Verlaine, retrouve en Villon une parenté que les époques intermédiaires peuvent difficilement lui offrir. Cette corres-

pondance répond en grande partie aux recherches de plus en plus prononcées des poètes de situer à un niveau purement humain les mobiles essentiels d'un monde plus proche de la nature de l'homme que celui, hostile, qui s'est développé à son détriment. C'est à travers sa sensibilité que le poète blessé par la dureté d'un présent injuste et chaotique, de moins en moins conforme aux désirs et aux besoins de l'homme, a cherché dans la nostalgie du passé la conception projetée sur l'avenir d'un monde paradisiaque à tout jamais perdu. Rien de fortuit à cela. L'évolution de la poésie à partir de ce mouvement révolutionnaire que fut le Romantisme — lui-même contrepartie de la Révolution française et des idées des Encyclopédistes, — devait amener le poète à réagir, de par la position singulière qu'il occupait dans la société, contre cette société au moyen de la seule arme dont il disposait, celle de son affectivité. Son refus d'adhérer aux prémisses de la société n'avait en vue que les mauvaises conditions de celle-ci. Ces dernières n'avaient-elles pas pris des proportions telles que les principes mêmes de la société étaient engloutis sous le poids de l'injustice ?

Ce ressentiment social se traduit sur le plan idéologique par le rejet de toutes les formes de la pensée bourgeoise, considérées comme une émanation de la caste au pouvoir et aussi comme un de ses soutiens, et sur le plan poétique, par la fuite devant le réel et la réintroduction massive du fantastique, du merveilleux et du rêve dans la création artistique. On peut dire que notre époque qui débuta avec le Romantisme, s'est violemment opposée à l'époque classique qui l'a précédée, mais qu'elle a trouvé dans le Moyen Age un écho valable, de même que, par-dessus la poésie et l'art gréco-latins, elle s'est référée aux époques bibliques et protohistoriques pour confirmer ses tendances esthétiques vers un approfondissement stylisé du réel perceptible.

La poésie moderne trouve ainsi un des éléments de son mécanisme fonctionnel dans la poésie de Villon. Comme Baudelaire, en qui on s'est plu à voir l'initiateur de la poésie moderne parce que la reconnaissance du monde réel dont il tirait sa substance, représente, par sa sincérité, une réaction contre le Romantisme, Villon est à la source d'un courant également moderne en poésie, celui qui, en réagissant contre l'amour romantique des troubadours, devenu convention- nel, et le formalisme religieux sans contact avec la réalité de son temps, annonce la fin du Moyen Age. Par cette prise de position réaliste, et en partant des éléments de sa vie pour aboutir à une vision du monde personnelle, Villon dote la critique poétique d'un critère nouveau. L'authenticité de la poésie sera désormais une qualité résidant dans un accord valable et organique entre le fait appréhendé et sa transposi- tion exprimée. La poésie sera vraie si le sentiment qui l'anime aura été vécu intimement et non pas s'il a résulté de quelque formule imposée. Il faut, en somme, que le poète l'ait éprouvé d'une manière assez intense pour que son expression poétique lui soit naturellement adéquate.

La poésie de Villon n'est pas seulement une poésie de circonstance, elle est surtout une poésie de la circonstance. En décantant la réalité du monde environnant pour en extraire le matériel de l'image poétique, le poète moderne donne au fruit vécu un sens qui, pour lui être particulier, n'est pas moins axé sur le contact premier qu'il a eu avec lui. Si l'image poétique, telle que nous l'entendons aujourd'hui, est surtout due au balancement plus ou moins subtil de deux éléments pris chacun dans une sphère éloignée l'une de l'autre, balancement ayant pour dessein la constitution d'une unité nouvelle, supérieure à l'entité de chacun des éléments mis en présence et destinée à faire corps avec la totalité du poème, chez Villon l'image se confond avec la métaphore du langage concrétisée sous forme de proverbe ou de locution. Elle peut ainsi plus aisément se fondre dans la masse du poème. La fonction métaphorique du langage serait en quelque sorte à l'origine de l'image poétique. Mais, la faculté d'invention dans le domaine du parler étant une activité humaine que l'on trouve associée au mécanisme du penser, n'y aurait-il pas lieu de déduire, à partir de cette donnée, que la fonction poétique est intimement liée au processus d'élaboration de la pensée ?

Bien plus que d'exprimer un sentiment de la nature extérieure à l'homme où celui-ci se découvre comme un reflet, Villon s'est préoccupé de définir la nature humaine dans ses rapports avec les sensations variées telles qu'elles ont été scellées dans le corps du langage pour servir aux relations entre les hommes. Il manque à Villon, comme on l'a déjà fait remarquer, la faculté de s'émerveiller devant la nature. Il ne sent pas la nécessité de la contempler, nécessité que, plus ou moins désuète, nous trouvons chez la plupart des poètes de son temps. Ne faudrait-il pas voir en cela un des signes de sa stricte sincérité ? Le sentiment qui découle pour lui de l'approfondissement de la situation humaine n'est valable que lorsqu'il est placé devant la seule instance reconnue, celle de Villon lui-même. Cet approfondissement, semblant exclure tout autre attendrissement envers le monde objectif, n'implique-t-il pas que la totalité des préoccupations relatives à sa vie s'applique par là même au monde tel qu'il est reflété dans sa conscience ?

Poète maudit, certes, Villon le fut à la manière de Verlaine, de Baudelaire, de Rimbaud, de Lautréamont, ses compagnons de souffrance, de révolte et de misère. Il fut leur précurseur dans ce domaine où la condition sociale pousse le poète, en marge de celle-ci, à se hausser dans une solitude orgueilleuse et un défi permanent. Une attitude de cette sorte qui exige, par l'abaissement volontaire sur le plan de la souffrance, une élévation correspondante sur celui de l'imagination, ce dernier doué de vertus exaltantes, est particulièrement apte à faire éclore des légendes. Dans le cas de Villon il serait utile, tout en faisant la part du mythe, de réviser l'image simpliste que, de toutes pièces, ont créée certains de ses commentateurs. A quel relent de moralisme obéissent-ils pour excuser le « mauvais garçon » que fut Villon et cela, d'une manière condescendante, au nom de l'œuvre qu'il laissa ? Il faut voir dans la discrimination entre l'activité du poète et sa vie une conception révolue mais tenace, selon laquelle la poésie serait une forme d'expression subordonnée à un métier. La vie de Villon est à tel point imbriquée dans son œuvre que non seulement il n'est pas possible d'envisager l'une à l'exclusion de l'autre, mais que, interdépendantes, s'éclairant réciproquement, elles apparaissent à distance comme deux faces inséparables d'une unique réalité.

On reconnaît dans l'œuvre de Villon le caractère spécifiquement moderne qu'est le drame de l'adolescence, celui de la difficulté de s'adapter aux conditions de la société. A quel moment et grâce à quels phénomènes intervient l'orientation de l'adolescent vers la vie imaginative ? C'est là le problème des déterminations instinctives qui jusqu'à présent n'a pas encore reçu de réponse satisfaisante. Il faut supposer que, mû par une impulsion violente, mais diffuse, à objectif indéterminé, l'adolescent hésite à s'engager dans une des voies à lui ouvertes où la magie de l'aventure joue le rôle d'un appel libérateur. Si, à première vue, il semble que le délirant, l'enfant, le criminel et le poète présentent des caractéristiques communes soit sur le plan de l'imagination, soit sur celui de l'action, l'essai qu'ils entreprennent pour résoudre leur inadaptation psychique se heurte à des difficultés variables. La solution consiste pour certains à créer un monde à leur image, ce qui souvent les amène à s'organiser en groupes. Est-ce une opération de cet ordre consécutive à une révolte contenue qui, mettant à découvert sa sensibilité à vif, trop tôt blessée, susceptible et vulnérable, a agi sur Villon comme une massue, sans que le choix entre les chemins de l'imagination et de l'action ait dû se poser pour lui avec précision ? Le fait est que bientôt ils apparaîtront étroitement liés, l'un se complétant par l'autre, entremêlant leurs causes et leurs effets jusqu'à devenir implicitement des règles de conduite et des raisons de vivre.

Les désordres suscités au lendemain de l'occupation

anglaise offraient, comme toute époque d'inflation, aux jeunes étudiants du xve siècle des possibilités accrues de donner libre cours à leur turbulence. On comprend que Villon, cherchant un débouché à son tempérament spirituel, en opposition avec les forces d'ordre représentées par son entourage, ait trouvé en leur compagnie dissolue mais pittoresque un écho au rêve d'aventure qui lui tenait lieu de vision du monde. Ainsi, de l'affinité des intéressés et sur la base d'une seule volonté de se dresser contre le monde ambiant, naissent les associations fermées, les clans. Les lois, les argots, les initiations, les degrés hiérarchiques de ces groupements attestent leur similitude avec les sociétés secrètes des peuples primitifs. Je citerai l'exemple de la caste ambulante d'initiés, les Aréoï, dans les Iles Marquises, formée de ce qu'on appellerait aujourd'hui des acteurs, des baladins et des poètes. Leur consécration d'ordre religieux leur permettait toutes les licences, même celle de tuer. Les forces conjuguées d'attraction et de répulsion qu'ils exer- çaient sur la population revêtaient en tout point le caractère d'une terreur sacrée. Ce double mouvement de crainte et d'admiration populaires a dû pareillement jouer, mais à un degré bien moindre, envers les Coquillards, dont on sait avec quel succès Marcel Schwob a exploré l'histoire. L'orga- nisation de ces derniers, quoique dépourvue des attributs religieux (mais le religieux et le social sont chez le primitif l'expression d'une unique contrainte), ne semble-t-elle pas procéder d'un mécanisme commun à la formation des clans? Voleurs et escrocs, mais aussi lettrés et poètes, détenteurs des secrets de la science, initiés à des rites mystérieux, si les Coquillards devaient se présenter aux yeux de la population comme des êtres dangereux, entourés de légendes, pour certains de leurs affiliés, comme Villon, ce groupe de malfaiteurs correspondait à leurs aspirations de totale libération.

Au stade strictement individuel où se plaçait sa conscience pour prendre un appui, quel autre cheminement aurait pu solliciter la sensibilité de Villon, sinon celui qui supposait la rupture totale avec les tenants du pouvoir ? Déjà la présence d'une bourgeoisie tracassière et haïssable se fait sentir à travers son œuvre. Si les romantiques ont mis en lumière le sens péjoratif de cette bourgeoisie, Villon n'en ressentait pas moins l'horreur. En face d'elle, le petit peuple vers qui vont toutes ses sympathies, était loin de savoir non seulement se défendre, mais même de connaître la nature de l'oppression qu'il subissait. La lutte se plaçait encore au niveau de la personne humaine et des responsabilités individualisées. A peine les lois commençaient à délimiter leur rayon d'action en raison des catégories définissables de sujets.

Villon s'insurge contre la vilenie des hommes, il méconnaît le système dont ils ne sont que les instruments. Mais ses appels à une vie meilleure sur cette terre ont pour arrière-fond la mort hideuse qui sans distinction broie les grands comme les petits. Ils sont parcourus par des accents poignants. La légèreté ironique et souriante, mordante et cynique des sarcasmes qu'il déploie, confère à ses appels une dignité que la verdeur de son langage ne diminue en rien.

Le ton parlé de la poésie de Villon, on en suivra désormais les traces tout au long de l'histoire poétique. Sa résonance se répercute à travers l'œuvre de Verlaine et d'Apollinaire. Il relève d'un sens amical, familier et confidentiel, au débit ténu et grave ou parfois facétieux qui, malgré son détachement, ou plutôt à cause de lui, parvient jusqu'à nous. La connaissance de l'homme, de l'homme vivant aux prises avec le réel sensible, de ses frontières et de son entendement, marque la fin de la gratuité en poésie. Le fait de la réalité est non seulement incorporé dans l'esprit du poète, mais devient lui-même matière poétique. Il confond en une unité dramatique et le sens et le signe, le point de départ et le trajet parcouru. Un objet nouveau est ainsi créé, une nouvelle réalité issue de la réalité environnante prend place parmi les objets de sensation.

Avec chaque poète la poésie est remise en question. Si elle

*change de figure, en se transformant, elle ne poursuit pas
moins, sur des sentiers nouveaux, l'exploration de données
continues. Prise à la racine de ses attributs et de son essence,
on a le sentiment qu'il a fallu détruire l'idée qu'on s'en faisait
précédemment pour la faire renaître de ses cendres. Mais à
travers les heurts et les contradictions qui sont aussi ceux de
l'histoire, le rôle de la poésie est de conduire l'expérience
vécue vers la connaissance objective. Le poète non seule-
ment vit l'histoire, mais en partie il la détermine. Pour lui,
l'existence elle-même est un phénomène poétique à l'inverse
de ceux pour qui écrire des poèmes constitue une profession.
Nombreux sont ceux qui, se plaçant dans l'une de ces
positions, se sont manifestés à l'exclusion de l'autre. Mais
lorsque la canalisation des tendances aussi bien vers l'inven-
tion exprimée que vers l'action sensible a lieu d'une manière
inexorable, c'est à la lumière de cette rencontre que la poésie
revêt sa signification profonde. Et c'est en vertu de cette
signification que la poésie écrite n'est qu'un jalon, un
passage, une borne indicatrice sur le champ immense de
l'activité qu'embrasse la vie du poète. Jamais coïncidence
entre les différents genres d'opérations mentales et affectives
relatives à la vie et à l'imagination ne fut plus naturellement
exemplaire que chez Villon. La poésie est un dépassement et
une affirmation ; dépassement du langage, dépassement du
fait, affirmation objective qui agit sur le monde comme
facteur de transformation et d'enrichissement. Dans ce
brassage de valeurs à actions réciproques qu'est la vie
artistique, la démarche de l'esprit semble doubler la vie elle-
même et, partant, dans la mesure où elle y participe, en
rendre compte de la manière la plus approchée.*

                                        Tristan Tzara.

INTRODUCTION

Il est un Villon banal, mais vrai et déjà fort complexe, le Villon de nombreux critiques qui, à l'ordinaire, tiennent compte seulement de la première partie du *Testament* et de quelques autres pièces comme la *Ballade des pendus* et le *Débat du cœur et du corps,* ne conservant du reste de l'œuvre que la croûte superficielle et trompeuse.

Le *mauvais garçon* de F. Carco et de P. Mac Orlan, cambrioleur et maquereau, initié à la débauche et au crime par R. de Montigny et Colin de Cayeux, fasciné par le mal et la chute, ami des belles de nuit, entretenu par Marion et Margot, terrorisé par le spectre du gibet et l'horreur de la mort, dévoré par la passion de la liberté, mais ni révolté ni révolutionnaire, est aussi, et en particulier dans ses méfaits, le poète *clérical* qui a recueilli un héritage considérable de la communauté de Saint-Benoît-le-Bétourné où, aux côtés de son père adoptif Guillaume de Villon, il passa son enfance et son adolescence. De vieux griefs contre les moines mendiants, accusés de cupidité, de paillardise et de gourmandise, assimilés aux Turlupins, hérétiques que l'on pourchassait et brûlait ; de tenaces rancunes contre les chanoines de Notre-Dame dont Saint-Benoît, église sujette, avait eu à souffrir et qui, présentés, par un jeu d'antiphrases, comme des vieillards chenus, courbés en deux, léthargiques, à la voix cassée et au latin barbare, sont voués, à brève échéance, aux bons offices des Dix-huit clercs, sortes de croque-morts ; une sincère admiration pour Jeanne d'Arc, en qui d'autres, comme le Bourgeois de Paris qui nous a laissé un journal, voyaient une possédée sanguinaire, et pour Du Guesclin, le libérateur du royaume ; une profonde imprégnation de la Bible, témoin telle image de Job, ou des aphorismes d'Ézéchiel et de Daniel, ou encore la parabole de Lazare et du mauvais riche ; les récits, les scènes et les idées des prédications du temps : les Quinze signes du Jugement dernier, la putréfaction des corps, l'universalité de la mort ; des jeux de mots anodins[a] ou grossiers. Bref, un riche fond de culture écrite et orale, que Villon, poète docte et non peuple, utilise pour s'adresser aux lettrés : il semble même, note A. Suarès, faire exprès de se tromper et joue l'ignorance, « ingénu, non pas naïf ».

Le Villon en marge, né des travaux d'A. Longnon au lendemain de la guerre de 1870, a inspiré les plus grands écrivains, I. Ehrenbourg et O. Mandelstam en Union soviétique, et surtout B. Brecht qui, découvrant en notre auteur le premier des bardes populaires, les Bänkelsänger, a calqué, dans *L'Opéra de quat' sous,* la destinée de Macheath sur la vie qu'un traducteur comme Klammer et un poète comme Klabund avaient prêtée à l'écolier parisien. Comme celui-ci passait pour appartenir au gang des Coquillards, pour être le protecteur de la Grosse Margot et le protégé du prévôt Robert d'Estouteville, Macheath, brigand et séducteur, est l'ami du chef de la police qui le soustrait aux poursuites. Trahi par sa protégée, la prostituée Jenny, qui récite la *Double ballade* — où Villon, pour s'être trop abandonné aux impulsions de ses sens, est victime de l'amour — livré à la justice par Peachum qui règne sur les bas-fonds, Macheath exalte dans sa prison la

---

a. Ainsi, au vers 1033, *havée* désigne la poignée de blé prélevée comme redevance, mais c'est aussi l'*ave*, « salut » en latin.

vie délicieuse des *Contredits de Franc Gontier,* lance à ses camarades l'appel de l'*Épître à ses amis,* se moque de lui-même dans le *Quatrain,* demande pardon dans un adroit entrelacement de la *Ballade des pendus* et de la *Ballade de merci.*

Garçon de Paris, dont certaines rimes restituent le parler[a], agréable et rusé selon Pierre Mac Orlan pour qui « il représentait la gentillesse, l'esprit parisien et le cœur du peuple, enclin à faillir, mais très prompt à pardonner », Villon *né de Paris emprès Pontoise,* évoque des Parisiens, souvent sous un jour satirique : policiers et mauvais garçons qui se confondent, filles et femmes de petite vertu, gens de la justice ecclésiastique et civile, riches financiers ou spéculateurs sur le sel, moines et prêtres. Mais surtout il s'adresse à des Parisiens, ou plutôt à divers groupes plus ou moins larges, à l'ordinaire étrangers les uns aux autres : personnages influents, communauté de Saint-Benoît, compagnons de beuveries, mauvais garçons, sans compter quelques amis chers. D'allusions, plutôt que de descriptions et de récits développés, surgissent les linéaments du paysage (le cimetière et les charniers des Saints Innocents, la maison hantée de Vauvert, les ruines de Billy, la fontaine Maubué, les cabarets, les enseignes...), le spectacle quotidien de la rue, avec les cohortes bruyantes et colorées des sots et des sottes qui agitent marottes tintinnabulantes et vessies de porcs remplies de pois, les clochards gelés, endormis sous les étaux, les prostituées largement décolletées, la trogne rougie et la démarche incertaine d'un vieil ivrogne. Ainsi que les sujets de l'actualité : la mort récente, dans une rixe, du fils quasi inconnu de Guillaume Charruau et, à Chio, de l'illustre Jacques Cœur, l'avènement de Louis XI qui entraîna la disgrâce de Robert d'Estouteville, privé de sa charge de prévôt de Paris, et de Pierre de Brézé,

---

a. Par exemple, *Robert* et *part, Bourges* et *rouges, Valerien* et *an, fuste* et *fusse...*

le chevaleresque sénéchal de Normandie, emprisonné et peut-être en danger de mort ; sans oublier des événements plus anciens, restés dans la mémoire collective, comme les mesures contre les prostituées pourchassées dans la Cité par Pierre Lomer ou les chahuts d'étudiants qui se plaisaient à dérober, devant l'hôtel de Mlle de Bruyères, la borne du Pet-au-Diable.

Ce poète de l'actualité et du souvenir partage avec son temps, avec le peintre de la *Danse Macabré,* avec Pierre de Nesson qui écrivit les *Vigiles des Morts,* l'obsession de la mort qu'il hait mais qui l'attire, omniprésente et toute-puissante, frappant indistinctement Jacques Cœur et le *povre mercerot de Rennes* — réalité unique dont il cherche à se moquer et qui agit au cœur de la vie dans la dépossession du vieillissement. L'égalité dans le destin ne masque pas l'effrayante souffrance physique et morale de l'agonie solitaire, ni la décomposition du cadavre et de la beauté féminine, ni le spectacle atroce des pendus desséchés et noircis par les intempéries, les yeux crevés par les pies et les corbeaux, sans cesse agités par le vent.

A quoi, d'ailleurs, attribuer la fin misérable de ces malheureux accrochés au gibet dont le spectre obsède l'esprit du poète, autant que la mort sur le bûcher, qui était réservée aux sodomites et aux relaps ? A la pauvreté qui n'a cessé d'obscurcir l'horizon de Villon, de traquer sa famille aussi loin qu'il remonte dans le temps, et qui accable ses compagnons dévorant des yeux les pains entassés aux fenêtres des boulangers aussi bien que les vieilles femmes pelotonnées autour d'un maigre feu de brindilles de chanvre. La pauvreté, si elle donne de la profondeur à la raillerie, déforme le génie, le rapetissant, dit André Suarès, comme ces cryptomères que les Japonais font pousser dans un dé à coudre. Elle entraîne dans son sillage fautes et crimes, elle détruit l'amour. Chasseresse infatigable qui s'attache aux pas du poète, ou mieux, cancer qui le ronge et le rend semblable aux autres misérables, la Pauvreté le dépersonnalise, le pousse à la méchanceté, à la révolte et à la tristesse, le dépossède de son moi tout en lui laissant l'apparence de la liberté. Le poète devient le spectateur impuissant des agissements d'un autre en qui il ne se reconnaît plus et qui l'éloigne de plus en plus de la société. Aussi, par la bouche du pirate Diomédès que la générosité d'Alexandre ramena dans le droit chemin, Villon proclame-t-il son malheur plus que son indignité, solidaire des vaincus et des malheureux : pauvres, prisonniers, suppliciés, prostituées. Il s'acharne sur les riches, sur trois brasseurs d'affaires, usuriers, spéculateurs sur le sel et, pour deux d'entre eux, collaborateurs des occupants anglais, Jean Marceau, Girard Gossouin et Colin Laurens. Il les attaque dans *Le Lais,* revient à la charge dans *Le Testament,* désireux, en outre, de faire sa cour aux puissants, Louis XI et Charles de Melun, qui s'efforçaient de ruiner Marceau, épousant les rancunes du peuple qu'il veut gagner à sa cause et dont il est resté proche, malgré son déclassement par le haut, du côté des clercs et des notables, et par le bas, dans la fréquentation des Coquillards et des mauvais garçons.

Cette reprise des attaques reflète, outre la permanence des haines, une volonté d'approfondissement et de renouvellement poétiques : si, dans *Le Lais,* les trois personnages deviennent de petits enfants sur la pauvreté desquels Villon feint de s'apitoyer par des répétitions et une évocation progressive, s'il annonce, avec la cruauté d'un jeune loup, leur fin imminente :

> *Ils mangeront les bons morceaux,*
> *Les enfants, quand je serai vieux,*

— autrement dit, ils suceront les pissenlits par la racine —, en revanche, dans *Le Testament,* il élimine pratiquement les deux thèmes de la pauvreté et de la mort imminente qu'il développera dans les huitains consacrés aux chanoines de Notre-Dame, et s'amuse à suivre ses trois légataires dans leur existence de petits garçons, assez habile pour être capable, dans le même temps, de faire le portrait de trois avares rapaces et bornés et de décrire la vie d'écoliers aux moyens intellectuels limités.

Pour échapper à cette vision désolante de la pauvreté, du vieillissement et de la mort, Villon recourt à la moquerie, emporté par une folle gaieté, « suspendue aux legs comme une guirlande de lanternes dans une nuit de fête » (A. Suarès) ; il se jette sur tous les plaisirs de cette vie précaire dont il aime le mouvement et la banalité, sur les plaisirs de la table, du vin, des franches lippées, des conversations de taverne, des facéties épaisses ou fines ; il se précipite surtout dans la luxure, méprisant et désirant les femmes, martyr d'amours indignes, chantre des filles, se complaisant dans les allusions obscènes, traînant dans la boue la coquette, fausse et dure Catherine de Vaucelles que la cupidité amène, si on l'en croit, à se prostituer. Il prétend renoncer à un amour qu'il n'a pas réussi à exorciser ni à oublier, bien qu'il ait cherché des compensations à droite et à gauche auprès des Margot et des Marion, bien qu'il se soit efforcé de le tourner — et de se tourner soi-même — en ridicule. Les éclats de rire triviaux, les plaisanteries douteuses, les grimaces équivoques ne doivent pas nous masquer un aveu précieux de son *Épitaphe* :

> *Ci gît et dort en ce solier,*
> *Qu'Amour occit de son raillon,*
> *Un pauvre petit écolier*
> *Qui fut nommé François Villon.*

ou les confidences de la *Ballade finale* où le poète ne se lasse pas de répéter les mots d'amour et de mort.

Ce cœur inapaisé, qui a chanté avec une exquise délicatesse le corps féminin, a révélé ses contradictions dans certaines de ses ballades. Ici, protecteur de la Grosse Margot, il sert avec complaisance les clients de la catin, la corrige au soir d'une maigre journée, puis, réconcilié, partage ses plaisanteries, son ivresse, son amour, prenant plaisir à se rouler dans l'ordure dont il éclabousse peut-être le justicier impitoyable qui a tué en lui l'honneur et l'espoir, Thibaut d'Aussigny, le geôlier de Meung-sur-Loire. Là, dans *Les Contredits de Franc Gontier*[a] où il dégonfle le mythe du retour à la vie libre et saine de la campagne qu'ont chantée des poètes comme Philippe de Vitri et E. Deschamps, mais qui, pour lui, n'est que le lieu de l'exil, son héros est un chanoine qui refuse les contraintes du travail, de la famille, du temps, de la morale, de la pauvreté, et qui, dans une chambre bien close, recherche des plaisirs raffinés, multipliés par la chaleur d'un brasier, de suaves impressions visuelles et tactiles, le recours à l'hypocras, vin aphrodisiaque, et les jeux compliqués de l'amour où de longs et savants préliminaires précèdent l'acte sexuel. Ailleurs, le paria rêve de noblesse, le vagabond d'un foyer heureux et stable, le délaissé d'un amour sincère et durable ; Villon prête à Robert d'Estouteville un hymne à l'amour conjugal et charnel, fondé sur la fidélité et la fécondité dans un monde de l'harmonie universelle : l'amante est à la fois la dame de la poésie courtoise, noble, triomphante, douce et bonne, et la femme liée à l'homme dans la vie et la mort, source de tous les plaisirs spirituels et corporels. Le respect des traditions chevaleresques va de pair avec la jouissance, l'Amour, la Raison et la Religion s'accordent pour recommander et bénir ce bonheur, la dignité et la bonté, le devoir et le plaisir ne se combattent plus, mais se fortifient.

Trop attentifs aux regrets ou aux éclats de rire, les critiques n'ont pas toujours senti la violence de la satire, héritage, certes, pour une part, de la tradition littéraire médiévale, plus particulièrement de Rutebeuf et d'E. Deschamps, ou même des fabliaux, mais, dans la plupart des

---

a. Que B. Brecht, à travers une traduction allemande de Klammer, a repris dans *L'Opéra de quat' sous* en accentuant le caractère anarchiste de Villon.

cas, très personnelle, soit que Villon cherche à plaire à des
gens dont il sollicite la protection comme Guillaume de
Villon et les membres de la communauté de Saint-Benoît,
le nouveau roi Louis XI et le prévôt de Paris Robert
d'Estouteville, soit qu'il veuille se venger de ses ennemis,
rivaux en amour comme, sans doute, Y. Marchand, amies
trop rebelles, prétendus amis qui ont refusé de l'aider au
moment décisif, représentants du pouvoir civil ou de la
justice ecclésiastique qui sont intervenus pour le juger (en
particulier dans l'affaire du Collège de Navarre), mauvais
garçons dont certains jouaient double jeu ou devenaient
policiers sans perdre leurs mauvaises habitudes, et surtout
l'ennemi capital, Thibaut d'Aussigny, l'évêque sans miséri-
corde, qu'il attaque en quatre endroits du *Testament,* si
bien que « *la passion Villon par la main Thibaut d'Aussi-
gny* » a pu sembler à Louis Cons « le fil rouge qui relie
certaines parties de l'œuvre ».

Pour se venger, il fait flèche de tout bois qu'il utilise avec
un extraordinaire brio. Il emprunte à la vie quotidienne, au
spectacle et à la conversation de la rue. Robin Trascaille
possédait une maison à l'enseigne de *L'Homme armé* :
Villon — qui se plaît, malgré son refus avoué des illusions
et des mythes, à évoquer la chevalerie perdue et à faire sa
cour à la véritable aristocratie que représentait à ses yeux,
par la naissance et les mœurs, le couple idéal de Robert
d'Estouteville et d'Ambroise de Loré — fera un chevalier
ridicule de ce bourgeois avare qui avait sans doute des
prétentions à la noblesse, avec un jeu d'attentes qui suscite
l'intérêt du lecteur. Oui, dit Villon, Trascaille a raison, au
service du prince, de ne point aller à pied comme un valet,
comme une vulgaire caille qu'il est, comparé aux nobles
oiseaux que sont l'épervier et surtout l'aigle. Il a donc une
monture. Mais laquelle ? Un roncin pesant, énorme, gras,
bien adapté aux gens de sa catégorie. Comme il faut un
casque à ce chevalier d'un nouveau genre, Villon lui donne
une jatte. Il a suffi de deux détails — un gros cheval, un pot

sur la tête du cavalier — pour que de la plume de ce
caricaturiste génial surgisse devant nous un inoubliable
grotesque, qui devient même un malheureux cul-de-jatte
s'il est vrai que le don de Villon est aussi la jatte qui servait
aux gens privés de l'usage de leurs jambes. L'on avait parlé
à Paris du chagrin de G. Charruau qui refusait tout
accommodement avec le meurtrier de son fils qu'il voulait
envoyer au gibet. Villon lui donne un *brant,* une épée, pour
qu'il se venge, et un *reau,* qui est à peu de chose près notre
franc de dommage et intérêt. Est-ce la compassion qui
guide Villon ? Non, puisque le *brant,* qu'il a déjà donné à
Y. Marchant[a], prend dans le huitain un sens obscène (c'est
l'organe masculin) et scatologique : M. Régnier s'écriera :
« Surtout vive l'amour, et bran pour les sergents ! »

D'un détail anatomique, les yeux rouges, par exemple,
de Jean Laurens, le poète nous invite à conclure que son
légataire est un ivrogne, fils d'ivrognes, et, loin de l'aider à
guérir son mal, il lui laisse l'envers répugnant de sa besace,
afin que le malheureux, s'en frottant les yeux, devienne
aveugle. Les lecteurs faisaient d'autant plus facilement
cette assimilation que Villon, dans ce huitain, a repris les
éléments les plus saillants d'une ballade d'E. Deschamps
où un vieux prêtre *but à dîner de vin deux pleines courges*
(gourdes).

Il joue sur les noms ou les prénoms de ses légataires. Un
vieux carme, parce qu'il s'appelle Baude, (qui, adjectif,
signifie « allègre, hardi, lascif »), devient un jeune homme
entreprenant et hardi à qui il donne, pour défendre sa *cage
verte* (enseigne et nom d'une prostituée), une *salade,* un
casque, et deux *guisarmes,* deux lances, qui, comme toutes
les pièces de l'armure, prêtaient à des équivoques éroti-
ques, et le poète finit par le confondre avec le diable de
Vauvert, agressif monstre vert à barbe blanche. Pourquoi,

---

a. A qui, en fait, il a légué un coup d'épée qui le débarrassera à jamais de
ce rival haï.

d'autre part, ne pas prénommer Thibaud Jean de la Garde,
l'un des maîtres jurés épiciers de Paris, valet de chambre et
épicier de la reine ? En effet, Jean Jenin, Jeannot, et
Thibaud — comme, d'ailleurs, Arnoul — désignaient les
maris trompés. Villon révèle-t-il l'infortune du malheureux
ou bien, sensible au double sens de *Jean,* a-t-il prêté à son
légataire des infortunes conjugales imaginaires, désireux de
discréditer le mari aussi bien que la femme, de jeter la
discorde dans le ménage pour se venger d'eux ?

Il déforme les noms. Macé était lieutenant du bailli de
Berry au siège d'Issoudun. Pourquoi devient-il la petite
Macée ? Est-ce seulement parce qu'il avait une mauvaise
langue dont aurait souffert le poète, ou bien celui-ci
l'accuse-t-il de mœurs spéciales, ce qui était plutôt dange-
reux à une époque où l'on brûlait les sodomites et où
Philippe de Bourgogne multipliait les bûchers dans le nord
de la France[a] ?

A la faveur d'une homonymie, Villon feint de confondre
le rigoureux Thibaut d'Aussigny avec le mignon du duc de
Berry, Tacque Thibaut, dont Froissart avait révélé que, de
basse origine, il s'était approprié une fortune excessive.
C'est, en jouant sur les mots, reprocher à l'évêque d'être
un parvenu cupide qui occupe indûment le siège épiscopal
d'Orléans, et d'être, pour ses mœurs anormales, indigne de
sa charge. Le poète avait déjà lancé cette accusation, dont
il est impossible de dire si elle est fondée, au début du
Testament où, très violent contre Thibaut, il affirme qu'il
n'est ni *son serf ni sa biche.* La formule mérite un examen

---

a. *Trascaille* se transforme en *Trouscaille,* où nous reconnaissons le verbe
trousser (qui avait deux sens, celui que nous connaissons et celui de
« charger une bête de somme ») et le nom *caille,* qui désignait certes le
volatile, mais aussi une prostituée. Il en résulte une image composite qui
tend à ridiculiser le légataire, chargeant de paquets une caille (ailleurs,
Villon fait de Pierre de Brézé un maréchal-ferrant dont la fonction sera de
ferrer les oies) ou accusé de courir les filles ou d'être l'époux d'une femme
de petite vertu. Ailleurs, *Jean Valet* devient *Jean Valette.*

attentif : elle montre à la fois le travail du poète et la polyvalence des mots. Villon part d'une formule figée dont on se servait à la fin des lettres : « je suis votre serf », je suis votre dévoué serviteur. Ensuite, grâce au contexte féodal (dans le vers précédent, il est question des deux cérémonies vassaliques de la *foi* et de l'*hommage*), il revivifie le tour : je ne dépends pas, dit-il, de l'évêque qui n'avait donc pas à le juger et a commis une forfaiture. L'homonymie avec *cerf* signalée par l'adjonction de *biche,* place le débat sur un autre plan : l'évêque aurait emprisonné Villon parce que celui-ci ne se serait pas prêté à ses caprices, sans compter que les animaux du bestiaire avaient, au Moyen Age, une valeur symbolique et que le cerf était lié à saint Eustache dont il avait déterminé la conversion.

Le plus souvent, le poète qui, dans une ballade en jargon, invite les *contres* (compagnons) *de la gaudisserie* à *enterver toujours blanc pour bis* (à comprendre blanc pour noir), recourt à l'antiphrase : Jean Le Loup, *homme de bien et bon marchand, linget et flou,* est un voleur sans scrupule, gros comme un tonneau : J. James, qui *se tue d'amasser biens,* est sans doute un proxénète qui prostitue ses victimes dans une maison à étuves qu'il possède rue aux Truies.

De tout ce qui précède, et l'on eût pu multiplier les exemples, il demeure certes la violence des attaques, mais surgissent de nombreuses questions : où est la vérité dans ces venimeuses accusations ? Quelle image retenir de tel ou tel personnage ? Quel sens conserver entre tant de possibilités ? En fait, faut-il s'interroger ? Il est probable que Villon a voulu cette incertitude, peut-être pour échapper aux poursuites en feignant la simplicité et l'innocence — comme, à la même époque, les auteurs de soties — mais surtout parce que le langage poétique n'est pas seulement déviation du langage normal, mais exploration et découverte des possibilités de la langue, activité créatrice qui affranchit l'homme de certains réseaux linguistiques, si bien que l'œuvre demeure rebelle, irréductiblement polysémique dans un processus de création permanente.

Il y a plus, semble-t-il, si l'on tient compte d'autres faits qui ne laissent de frapper, comme ses noms divers, moins clairs que l'on ne croit : Monterbier ou Montcorbier, Villon que l'on rapprochait peut-être de *vil,* François des Loges, l'homme originaire d'une terre bourbonnaise ou habile à déloger après un mauvais coup, Michel Mouton et, si l'on en croit T. Tzara, Vaillant. Habitude, dira-t-on, de déclassé et de hors-la-loi qui change fréquemment d'identité pour échapper aux poursuites. Mais dans l'œuvre qui seule nous intéresse, à travers les dissonances et les discordances, le mélange des tons et des styles, le poète s'affuble de nombreux masques et joue tous les rôles : amant martyr et proxénète, médecin et pèlerin de Rome, maître d'école et petit mercier ambulant, chevalier et propriétaire foncier, banquier ou riche particulier, saint Martin et généreux donateur..., et j'en passe ; il esquisse des dialogues entre son cœur et son corps, entre lui-même et un interlocuteur anonyme, entre le roi Alexandre le Grand et Diomédès, il s'interroge et interroge les autres, il recourt à des porte-parole, à sa mère pour prier la Vierge, à R. d'Estouteville, l'époux comblé d'Ambroise de Loré.

Il cite de nombreuses villes ou bourgades qu'il feint d'avoir visitées, mais la plupart permettent des jeux de mots. *Je m'en vais à Angers,* écrit-il dans *Le Lais : Angiers,* qui, dans le manuscrit, ne comporte pas de majuscule, c'est sans doute Angers, la capitale du roi René — pour s'y présenter convenablement, Villon, disent certains, aurait participé au cambriolage du Collège de Navarre —, mais c'est aussi un verbe signifiant « fréquenter, étreindre une femme » : ne pouvant adoucir la belle trop cruelle, Villon recherche l'apaisement dans des amours plus faciles et moins compliquées. Le *Roussillon* du *Testament,* plutôt que la ville du Dauphiné, c'est la terre aux sillons roux, le pays de la tromperie.

Où a été Villon ? Qui est-il, lui qui se plaît aux jeux poétiques fondés sur des contradictions, tels le refrain des *Menus propos, Je connais tout fors que moi-même,* les deux ballades des *Contre-vérités* et du *Concours de Blois* :

> *Je ris en pleurs et attends sans espoir ;*
> *Confort reprends en triste désespoir ;*
> *Je m'éjouis et n'ai plaisir aucun ?*

Sous prétexte que de nombreux rimeurs se sont amusés à ces jeux dans les dernières décennies du Moyen Age, maints critiques ont dénié toute signification à ces poèmes. Mais que l'on examine *Le Testament,* et l'on constate bientôt la même incertitude.

Les mots, fréquemment polysémiques, ne prennent toute leur valeur qu'en relation avec d'autres mots. Ainsi, quand Villon jette un regard sur lui-même à ce moment climatérique de sa vie, il se traite de *roquard,* lié à la fois au dernier mot du vers précédent, *valeton* « jeune homme », et au mot rime du vers 736, *coquard* : c'est se désigner dans le même temps comme un soldat retraité, une vieille rosse et un oiseau de proie bâtard, moins bon pour la chasse, tout comme le mot *exil* comportait alors, outre le sens moderne, les acceptions de prison et de destruction.

La richesse sémantique va de pair avec l'ambivalence syntaxique. Villon a utilisé les possibilités que lui offrait le moyen français, où l'ordre des mots était beaucoup moins figé et contraignant qu'aujourd'hui, où la présence du pronom sujet n'avait rien d'obligatoire et où l'on pouvait se passer de *que* devant un subjonctif. Ainsi écrit-il du policier Michaut du Four qu'

> *Il est un droit sot de sejour*
> *Et est plaisant ou il n'est point (1084-1085).*

Sejour, sans accent dans les manuscrits, représente aussi bien le mot *séjour,* « repos », que le groupe *ce jour* (que l'on a dans l'Imprimé de 1489) : Michaut est un vrai sot *de tout repos,* paresseux et peu fin, dont les facéties ne requièrent pas un gros effort d'intelligence ; c'est donc un sot *bien adapté à son temps,* où les sots, amuseurs publics qui jouaient les soties et portaient le bonnet à oreilles d'âne et à grelots, n'avaient pas, selon Villon, beaucoup de génie inventif ni critique. Étant donné que *ou* peut être aussi bien l'adverbe relatif que la conjonction, et que *est plaisant* est un tour soit impersonnel, soit personnel dont le sujet *il* (Michaut du Four) est sous-entendu, nous avons quatre possibilités :

1. Michaut est agréable ou il ne l'est pas : Villon pose une devinette au lecteur ;
2. Michaut est agréable où il n'est pas : il ne l'est donc jamais ;
3. Il est agréable d'être où Michaut n'est pas : avis aux mauvais garçons ;
4. Il est agréable de le fréquenter ou non : nouvelle devinette.

Bien plus, Villon aime à rendre ambiguës ses œuvres dont certaines, composées avant 1461-1462, ont été insérées dans *Le Testament* avec un nouveau sens. La chanson *Au retour de dure prison* fut d'abord un poème d'amour où Villon, victime transie de la Fortune, essaie d'échapper à de folles passions auxquelles il a tout sacrifié et qui l'acheminent vers la mort. Après l'expérience cruelle de la captivité de Meung-sur-Loire, ce brillant exercice de style devint un poème de la prison où se profile l'ombre de la mort : la Fortune s'acharne sur le malheureux qui subit un emprisonnement injuste et dont l'avenir est très sombre, il craint pour sa vie et demande à Dieu de l'accueillir auprès de lui. Enfin, léguant la chanson à J. Cardon, il lui insuffle, grâce au contexte, un sens nouveau, souhaitant à son faux ami d'être emprisonné à plusieurs reprises, de subir de fort dures captivités, des tourments physiques et moraux, d'être malmené par la Fortune qui le poursuivra sans tenir compte des exigences de la Justice et de la Raison, de désespérer de cette vie et d'en être réduit à prier Dieu de lui faire une place dans sa maison.

Pourquoi cette recherche de l'ambiguïté, de la polyvalence et de l'incertitude ? En fait, ces mots suspects tiraillés entre divers sens, comportant plusieurs plans de signification, bref cet émiettement du langage est destiné à rendre évidente l'incertitude du monde. Il est difficile, sinon impossible, d'appréhender la réalité, les êtres humains, le langage. Qu'en est-il de ses légataires ? Sont-ils des amis ou d'hypocrites et égoïstes ennemis ? Qu'en est-il de l'amour ? Est-il possible, ou n'est-ce toujours qu'un jeu érotique ou une duperie ? Qu'est-il lui-même ? Où est l'apparence, où est la réalité ? Nous retrouvons, au cœur de la pensée et de l'œuvre de Villon, certains vers que leur allure paradoxale a fait négliger des exégètes et qui nous donnent peut-être les clés du *Testament* :

> *Rien ne m'est sûr que la chose incertaine...*
> *Doute ne fais, fors en chose certaine*
>
> . . . .
> *Il n'est soin que quand on a faim*
> *Ne service que d'ennemi...*
> *Ne vrai rapport que menterie...*

Ce motif de la précarité des choses et de la fragilité de l'esprit, que Commynes, de son côté, a signalées et que l'on trouve déjà dans *Le Lais*,

> *Et puisque départir me faut,*
> *Et du retour ne suis certain,*
> *...*
> *Vivre aux humains est incertain...,*

eut un succès particulier à la cour de Blois, comme en témoignent les vers de nombreuses ballades[a] :

Vraie conclus une chose incertaine (Ballade CXXIIIb)
En doute suis de chose très certaine (Ballade CXXIIIb)
Grand doute fais de chose bien certaine (Ballade CXXIIIg)
Je me tiens sûr de ce dont plus j'ai doute (Ballade CXXXIIh, refrain)
Rien n'ai asseur, si je n'en suis douteux (Ballade CXXIIIe)

Les trois ballades des *Menus propos,* des *Contrevérités* et du *Concours de Blois* permettent de mieux comprendre la seconde partie du *Testament,* vision d'un monde ambivalent, brisé, éclaté en parties contradictoires entre lesquelles Villon ne peut choisir. Aussi ne s'étonnera-t-on pas de son attitude, du fameux *Je ris en pleurs.* Le monde est à la fois amitié et haine, rire et sérieux, amour profond et louche aventure. Seul l'entrelacement et le mélange du bouffon et du grave, de l'ironie et du pathétique sont à même de traduire cette vision de l'opacité et de l'incertitude universelles. Nous ne croyons pas qu'il faille expliquer les brusques changements de ton soit par le caractère du poète qui se repentirait au fond de son abjection morale, comme l'ont fait A. Campaux et G. Paris, soit par son évolution : la thèse d'I. Siciliano est que Villon fut bouffon, puis sérieux. Il s'agit d'une attitude esthétique, destinée à charger d'une plus profonde signification les moindres vers du *Testament.*

Cette attitude s'inscrit, d'ailleurs, dans une longue tradition, bien étudiée par E. Vinaver qui l'a retrouvée dans l'histoire poétique des XIIe et XIIIe siècles, avec les antinomies insolubles des deux vasselages de *La Chanson de Roland,* des deux forces ennemies de *Tristan et Iseut,* de l'amour joyeux et de l'amour amer : « Cette poésie est à la

---

a. Qu'on trouvera dans les *Poésies* de Charles d'Orléans, éd. P. Champion, Paris, Champion (Les classiques français du Moyen Age).

fois toute tristesse et toute joie : non point un mélange équilibré des deux, mais un état ambivalent qui devient par là même le lieu d'éclosion d'un lyrisme nouveau. »

Dans ce monde instable et difficile, aux apparences trompeuses, où le déraciné a éprouvé la fausseté du langage, échouant dans son recours à des idéaux et à des refuges rassurants — la chevalerie, l'amour, l'amitié — dans sa tentative de réintégrer le groupe, Villon doute de son talent, il se croit déchu, dépossédé de sa drôlerie et de sa vigueur satiriques, réduit à se répéter, voire à imiter autrui : le *plaisant raillard* est devenu un *fol paillard*, un *fol* que l'on excuse mais méprise, un *paillard*, un mauvais drôle que l'on tient pour suspect et dangereux. Le poète, maintenant, *plus rien ne dit qui plaise,* parce qu'il est triste et parle de ses problèmes personnels dont les autres, égoïstement, n'ont cure, et parce qu'il se répète, ou se caricature, donnant la pénible impression d'un vieux qui bouffonne et accusé de n'être qu'un plagiaire stérile.

« Être de l'hésitation d'être », « être défixé », pour reprendre les formules de Bachelard, il s'interroge sur lui-même, en particulier dans *L'Épitaphe,* où il se présente en victime de l'amour qui a tout détruit en lui : passé et habitudes, fierté de clerc, unité de son être disloqué en aspirations contradictoires, regrettant le temps heureux et l'harmonie de Saint-Benoît, incapable de s'adapter à une nouvelle situation et la refusant. Pour se désigner, il ne peut s'empêcher d'employer le terme d'*escollier* qu'il va bannir de son vocabulaire comme inadéquat. Ce titre symbolisait une promotion sociale et l'appartenance à un milieu qui appréciait sa culture et ses talents d'humoriste et de poète, il marquait le début d'une ascension dont il pouvait espérer la plus brillante destinée. Mais les adjectifs *pauvre* et *petit* attestent que de tout temps il ne fut qu'un minuscule pion sur l'échiquier social, contraint de courber le dos devant l'adversité, pitoyable dans sa lutte perdue d'avance contre la fatalité, sous le poids de la plus effroyable des tares, la pauvreté, où il découvre l'origine et l'explication de ses déboires amoureux : il perdit la partie faute d'argent, vice rédhibitoire avec une belle cupide, contre des rivaux fortunés — trop généreux, d'ailleurs, envers des gens qui ne le méritaient pas et ne le lui ont pas rendu aux moments de détresse, ouvrant son cœur et sa bourse aux autres qui lui ont tout pris. Aussi, revenu de tout, aspire-t-il au repos, même si c'est celui de l'éternité, qui s'accompagnera de la connaissance et du bonheur, de l'harmonie retrouvée par-delà les déchirements de l'âme et du corps, les débats de conscience éliminés par la lumière de l'évidence. Le rêve apaisant ne dure pas, chassé par la contrainte de la pauvreté et le souvenir de la captivité de Meung-sur-Loire, vue à travers l'humiliation de l'injuste et terrible dégradation du clerc qui, l'affectant dans son corps et son âme, détruisit l'armature de sa personnalité et ne laissa subsister en lui que le coquillard, rejeté de tous, renvoyé avec rudesse, bien qu'il eût remontré à Catherine et à ses prétendus amis l'iniquité d'un tel comportement, broyé sans que personne l'écoutât : amant humilié, berné, plus misérable encore que les siens, dépossédé de sa personnalité, *François Villon,* le clerc et le poète, n'est plus, il n'est plus, comme le suggère le *Quatrain,* qu'un pauvre *François* perdu dans la masse anonyme, qui pourrait dire avec Apollinaire :

Le pendu, le beau masque et cet homme altéré
Descendent dans l'enfer que je creuse moi-même,
Et l'enfer c'est toujours : « Je voudrais qu'elle m'aime. »

A. Arnoux a eu raison de signaler l'originalité irréductible de Villon : différent de ses légendes qui le réduisent à un simple écornifleur ou le compliquent à l'excès en ne signalant que sa révolte douloureuse et la volupté qu'il éprouve à s'enliser ; différent de lui-même ; différent de ses compagnons de ribote par l'éclair de génie et la contraction poignante de la facétie ; différent des rimeurs de cour, en dehors de toutes les catégories littéraires et mondaines, goujat inspiré aux œuvres dépouillées de toute convention, « sans apprêt visible, directement jaillie, en apparence tout au moins ». S'il échappe à toutes les définitions et à toutes les comparaisons, emporté par la passion de la liberté qu'il a cherchée dans l'agitation des rues, dans la crapule des bouges et des bandes, dans le mélange des styles et des thèmes, dans la multiplicité des personnages, il n'est pas sans affinités avec une longue tradition française qu'ont illustrée Rutebeuf, Verlaine, Corbière, Laforgue, Apollinaire, Max Jacob, P. J. Toulet, Ch. Cros et R. Desnos :

« Pleurs dérobés ; rires étouffés, brefs diamants des larmes ; sanglots qui ne s'avouent pas. Cadences populaires qui répercutent loin, où la moelle du langage fait corps avec la chair et avec l'âme. »

Jean Dufournet.

Le Lais

I

1 L'an quatre cent cinquante et six,
Je, François Villon, écolier,
Considérant, de sens rassis,
4 Le frein* aux dents, franc au collier**,
Qu'on doit ses œuvres conseillier*
Comme Végèce le raconte,
Sage romain, grand conseillier,
8 Ou autrement on se mécompte*...

*mors
** plein
d'ardeur
* examiner ce
qu'on doit
faire
* on s'expose à
des mécomptes

II

En ce temps que j'ai dit devant,
Sur le Noël, morte saison,
Que les loups [se] vivent de vent
12 Et qu'on se tient en sa maison,
Pour le frimas, près du tison,
Me vint un vouloir de briser
La très amoureuse prison*
16 Qui souloit* mon cœur débriser.

* rompre la
prison
d'amour
* avait l'habi-
tude

III

Je le fis en telle façon,
Voyant celle devant mes yeux
Consentant à ma défaçon *,   * destruction,
20 Sans ce que ja lui en fût mieux ;   perdition
Dont je me deuil * et plains aux cieux,   * lamente
En requérant d'elle vengeance
A tous les dieux vénérieux *,   * dieux de
24 Et du grief d'amour allégeance *.   l'amour
                                              * allégement,
                                              satisfaction

IV

Et se j'ai pris à ma faveur *   * et si je pris
Ces doux regards et beaux semblants   pour favora-
De très décevante saveur,   bles
28 Me tréperçant jusques aux flancs,   * m'ont fait
Bien ils ont vers moi les pieds blancs *   défaut (comme
Et me faillent au grand besoin.   le cheval bal-
Planter me faut autres complants *   zan qui man-
32 Et frapper en un autre coin *.   que sous son
                                              cavalier)
                                              * faire d'autres
                                              projets
                                              * et prendre
                                              une autre maî-
                                              tresse

V

Le regard de celle m'a pris
Qui m'a été félonne et dure :
Sans ce qu'en rien aie mépris *,   * sans que j'aie
36 Veut et ordonne que j'endure   commis de
La mort, et que plus je ne dure ;   faute
Si n'y vois secours que fouïr *.   * fuir
Rompre veut la vive soudure,
40 Sans mes piteux regrets ouïr !

VI

Pour obvier à ces dangers,
Mon mieux est, ce crois, de partir.
Adieu ! Je m'en vais à Angers :
44 Puis qu'el[le] ne me veut impartir *   * accorder sa
Sa grâce, ne [la] me départir *,   faveur
Par elle meurs, les membres sains ;   * ni m'en don-
Au fort *, je suis amant martyr   ner un peu
48 Du nombre des amoureux saints.   * Bref

VII

Combien que le départ me soit
Dur, si faut-il que je l'élogne * :   * que je
Comme mon pauvre sens conçoit *,   m'éloigne
52 Autre que moi est en quelogne *,   d'elle
Dont oncque soret * de Boulogne   * comprend
Ne fut plus altéré d'humeur *.   * en faveur
C'est pour moi piteuse besogne :   * hareng saur
56 Dieu en veuille ouïr ma clameur !   * ne fut plus
                                               assoiffé de
                                               liquide (que je
                                               ne désire la
                                               belle)

VIII

Et puisque départir me faut,
Et du retour ne suis certain,
— Je ne suis homme sans défaut
60 Ne qu'autre * d'acier ne d'étain ;   * pas plus
Vivre aux humains est incertain,   qu'un autre
Et après mort n'y a relais ;
Je m'en vais en pays lointain —   * cette pièce
64 Si établis ce présent lais *.   poétique
                                               contenant des
                                               legs

IX

Premièrement, ou nom du Père,
Du Fils et du Saint Esprit,
Et de sa glorieuse Mère,
68 Par qui grâce* rien ne périt,　　　　　　　*par la grâce de qui*
Je laisse, de par Dieu, mon bruit*　　　　　　*renom*
A maître Guillaume Villon,
Qui en l'honneur de son nom bruit,
72 Mes tentes et mon pavillon*.　　　　　　　*grande tente*

X

Item, à celle que j'ai dit,
Qui si durement m'a chassé
Que je suis de joie interdit
76 Et de tout plaisir déchassé,
Je laisse mon cœur enchassé,
Pâle, piteux*, mort et transi :　　　　　　　*digne de pitié*
Elle m'a ce mal pourchassé*,　　　　　　　*procuré, apporté*
80 Mais Dieu lui en fasse merci !

XI

Item, à maître Ythier Marchant,
Auquel je me sens très tenu,
Laisse mon brant* d'acier tranchant　　　　　　*épée*
84 Et à maître Jean le Cornu,　　　　　　　*une part de dépense se*
Qui est en gage détenu　　　　　　　　*montant à sept*
Pour un écot* sept sous montant ;　　　　　　*sous*
Je veul, selon le contenu*,　　　　　　　*selon la teneur de*
88 Qu'on leur livre en le rachetant.　　　　　　*l'engagement*

XII

Item, je laisse à Saint Amant
Le Cheval Blanc avec *la Mule*
Et à Blaru mon diamant
92 Et l'*Ane rayé* qui recule ;
Et le décret qui articule *
Omnis utriusque sexus *,
Contre la Carméliste bulle
96 Laisse aux curés, pour mettre sus *.

* expose par
articles
* toute per-
sonne de l'un
ou l'autre sexe
* pour le met-
tre en vigueur

XIII

Et à maître Robert Vallée
Pauvre clergeot en Parlement,
Qui n'entend [ne] mont ne vallée *,
100 J'ordonne principalement
Qu'on lui baille légèrement *
Mes braies *, étant aux *Trumillières,*
Pour coiffer plus honnêtement
104 S'amie Jeanne de Millières.

* i.e. qui est
complètement
stupide
* sans diffi-
culté
* pantalons

XIV

Pour ce qu'il est de lieu honnête,
Faut qu'il soit [mieux] récompensé,
Car le Saint Esprit l'admoneste *,
108 Obstant ce qu'il * est insensé ;
Pour ce, je me suis pourpensé
Puisqu'il n'a sens ne qu'une aumoire *,
A recouvrer sur Maupensé,
112 Qu'on lui baille *l'Art de Mémoire.*

* exhorte
* vu que

* armoire

XV

Item, je assigne * la vie
Du dessusdit maître Robert,
(Pour Dieu ! n'y ayez point d'envie !) :
116　Mes parents, vendez mon haubert,
Et que l'argent, ou la plus part,
Soit employé, dedans ces Pâques *,
A acheter à ce poupart
120　Une fenêtre * emprès Saint-Jacques.

* j'assure
financièrement

* d'ici à
Pâques
* une échoppe
d'écrivain
public

XVI

Item, laisse et donne en pur don
Mes gants et ma huque * de soie
A mon ami Jacques Cardon,
124　Le gland aussi d'une saussoie,
Et tous les jours une grasse oie
Et un chapon de haute graisse,
Dix muids de vin blanc comme croie *,
128　Et deux procès, que trop n'engraisse.

* cape

* craie

XVII

Item, je laisse à ce jeune homme,
Regnier de Montigny, trois chiens ;
Aussi à Jean Raguier la somme
132　De cent francs, pris sur tous mes biens.
Mais quoi ? Je n'y comprends en riens
Ce que je pourrai acquérir :
L'on ne doit [trop] prendre des siens,
136　Ne trop ses amis surquérir *.

* solliciter
avec insistance

XVIII

Item, au Seigneur de Grigny
Laisse la garde de Nijon,
Et six chiens plus qu'à Montigny,
140 Vicêtre*, châtel et donjon ;
Et à ce malotru changeon*,
Mouton[ier], qui le tient en procès,
Laisse trois coups d'un escourgeon*,
144 Et coucher, paix et aise, ès ceps*.

* Bicêtre
* enfant substi-
tué par un
démon à un
fils des
hommes
* étrivière
* dans les fers

XIX

Item, au Chevalier du Guet*
Le Hëaume lui établis ;
Et aux piétons qui vont d'aguet*
148 Tâtonnant par ces établis*,
Je leur laisse un beau riblis* :
La Lanterne à la Pierre au lait.
Voire, mais j'aurai les *Trois Lis,*
152 S'ils me mènent en Châtelet.

* chargé de la
sûreté de Paris
* pendant la
ronde de nuit
* étaux
* objet volé

XX

Et à maître Jacques Raguier
Laisse l'*Abreuvoir Popin,*
Pêches, poussins au blanc manger,
156 Toujours le choix d'un bon lopin*,
Le trou de *la Pomme de Pin,*
Clos et couvert, au feu la plante*,
Emmailloté en jacopin* ;
160 Et qui voudra planter, si plante.

* morceau

* les pieds au
feu
* dominicain,
frère prêcheur

XXI

Item, à maître Jean Mautaint
Et maître Pierre Basanier
Le gré du seigneur* qui atteint
164 Troubles, forfaits sans épargnier ;
Et à mon procureur Fournier
Bonnets courts, chausses semelées*
Taillées sur* mon cordouennier
168 Pour porter durant ces gelées.

*Robert d'Estouteville, prévôt de Paris, qui poursuit judiciairement
* chausses à semelles, bottines
* chez

XXII

Item, à Jean Trouvé, boucher,
Laisse *le Mouton* franc et tendre
Et un tacon* pour émoucher
172 *Le Bœuf Couronné* qu'on veut vendre,
Ou *la Vache* qu'on ne peut prendre :
Le vilain qui la trousse au col*,
S'il ne la rend, qu'on le puist pendre
176 Ou assommer d'un bon licol !

* martinet à lanières de cuir

* qui la charge sur le cou

XXIII

Item, à Perrenet Marchant,
Qu'on dit le Bâtard de la Barre,
Pour ce qu'il est un bon marchand
180 Lui laisse trois gluyons de feurre*
Pour étendre dessus la terre
A faire l'amoureux métier
Ou il lui faudra sa vie querre,
184 Car il ne sait autre métier.

* bottes de paille

XXIV

Item, au Loup et à Cholet
Je laisse à la fois un canard
Pris sur les murs, comme on souloit *,   * comme on en
188 Envers les fossés, sur le tard ;   avait l'habi-
                                                              tude
Et à chacun un grand tabart *   * manteau
De cordelier jusques aux pieds,
Bûche, charbon, des pois au lard,
192 Et mes houseaux * sans avant-pieds.   * guêtres

XXV

Derechef, je laisse, en pitié,
A trois petits enfants tous nus
Nommés en ce présent traitié,
196 Pauvres orphelins impourvus *,   * mal pourvus
Tous déchaussés, tous dépourvus,
Et dénués comme le ver ;
J'ordonne qu'ils seront pourvus
200 Au moins pour passer cet hiver :

XXVI

Premièrement Colin Laurens,
Girard Gossouin et Jean Marceau,
Dépris de biens et de parents,
204 Qui n'ont vaillant l'anse * d'un seau,   * la valeur de
                                                              l'anse
Chacun de mes biens un faisceau *,   * une part
Ou quatre blancs *, s'ils l'aiment mieux.   * ou quatre
                                                              petites pièces
Ils mangeront maint bon morceau,   de monnaie
208 Les enfants, quand je serai vieux !

XXVII

Item, ma nomination *
Que j'ai de l'Université
Laisse par résignation *
212 Pour seclure * d'adversité
Pauvres clercs de cette cité
Sous cet *intendit* contenus * :
Charité m'y a incité,
216 Et Nature, les voyants nus.

* droit à obtenir un bénéfice

* renonciation

* préserver, garantir

* figurant dans cet acte juridique

XXVIII

C'est maître Guillaume Cotin
Et maître Thibaut de Vitry
Deux pauvres clercs, parlant latin,
220 Humbles, bien chantant au letrin * ;
Paisibles enfants, sans estrif *,
Je leur laisse cens recevoir *
Sur la maison Guillot Gueuldry
224 En attendant de mieux avoir.

* lutrin

* sans humeur querelleuse

* la perception d'une redevance

XXIX

Item, et j'adjoins à la crosse *
Celle * de la rue Saint-Antoine
Ou un billard de quoi on crosse *,
228 Et tous les jours plein pot de Seine ;
Aux pigeons qui sont en l'essoine *
Enserrés sous trappe volière *,
Mon mirouër bel et idoine
232 Et la grâce de la geôlière.

* à la crosse épiscopale

* la Crosse, enseigne de taverne

* on pousse les boules

* dans la peine

* enfermés dans une cage à oiseaux, emprisonnés

XXX

Item, je laisse aux hôpitaux
Mes chassis * tissus d'arignée ;
Et aux gisants * sous les étaux
236 Chacun sur l'œil une grongnée *,
Trembler à chère * renfrognée,
Maigres, velus et morfondus *,
Chausses courtes, robe rognée,
240 Gelés, murdris et enfondus *.

* cadres de lits
* et à ceux qui
dorment
* un coup de
poing (sur le
grouin)
* figure
* morveux (ou
transis de
froid)
* meurtris et
trempés

XXXI

Item, je laisse à mon barbier
Les rognures de mes cheveux,
Pleinement et sans détourbier * ;
244 Aux saveticrs mes souliers vieux,
Et au fripier mes habits tieux *
Que quand du tout je les [dé]laisse ;
Pour moins qu'ils ne coûtèrent neufs,
248 Charitablement je leur laisse.

* sans restric-
tion ni empê-
chement
* tels qu'ils
sont quand je
les abandonne
complètement

XXXII

Item, je laisse aux Mendiants *,
Aux Filles-Dieu et aux Béguines,
Savoureux morceaux et friands,
252 Chapons, flaons *, grasses gelines,
Et puis prêcher les Quinzes Signes *,
Et abattre * pain à deux mains.
Carmes chevauchent nos voisines,
256 Mais cela, ce n'est que du moins *.

* moines men-
diants

* flans
* du Jugement
dernier
* ramasser
* c'est la moin-
dre des choses

XXXIII

Item, laisse *le Mortier d'or*
A Jean, l'épicier, de la Garde ;
Une potence * de Saint-Mor   * béquille
260 Pour faire un broyer * à moutarde.   * pilon
A celui qui fit l'avant-garde
Pour faire sur moi griefs * exploits,   * graves, dou-
De par moi saint Antoine l'arde !   loureux
264 Je ne lui ferai autre lais.

XXXIV

Item, je laisse à Merebeuf
Et à Nicolas de Louviers
A chacun l'écaille d'un œuf
268 Pleine de francs et d'écus vieux.
Quant au concierge de Gouvieux,
Pierre Rousseville, j'ordonne,
Pour ly * donner encores mieux,   * lui
272 Écus tels que Prince * les donne.   * s. e. des Sots

XXXV

Finablement, en écrivant,
Ce soir, seulet, étant en bonne *,   * de bonne
Dictant ce lais et décrivant *,   humeur
276 J'ouïs la cloche de Serbonne,   * recopiant
Qui toujours à neuf heures sonne
Le Salut que l'ange prédit * ;   * Angélus
Si suspendis et mis en bonne *   * borne
280 Pour prier comme le cœur dit.

XXXVI

Ce faisant, je m'entroubliai *,
Non pas par force de vin boire,
Mon esperit comme lié ;
284 Lors je sentis dame Mémoire
Répondre et mettre en son aumoire *
Ses espèces collatérales *,
Opinative * fausse et voire,
288 Et autres intellectuales *,

* je perdis conscience
* cacher et mettre en son armoire
* les facultés dépendant d'elle
* faculté de former un jugement d'existence
* facultés intellectuelles

XXXVII

Et mêmement l'estimative *
Par quoi prospective * nous vient :
Similative, formative *,
292 Desquelles souvent il advient
Que, par leur trouble, homme devient
Fol et lunatique par mois * :
Je l'ai lu, se bien m'en souvient,
296 En Aristote aucunes fois.

* faculté de former un jugement de valeur
* faculté de prévoir
* facultés d'identifier et de former les concepts
* périodiquement

XXXVIII

Dont le sensitif * s'éveilla
Et évertua Fantasie *
Qui tous organes réveilla,
300 Et tint la souvraine partie *
En suspens et comme amortie
Par oppression d'oubliance *
Qui en moi s'étoit épartie *
304 Pour montrer des sens l'alliance.

* le siège des facultés des sens
* excita l'imagination
* la volonté et la raison
* par un état d'inconscience qui l'empêche de se manifester
* dispersée, répandue

XXXIX

Puisque * mon sens fut à repos   * *Après que*
Et l'entendement démêlé,
Je cuidai finer * mon propos ;   * *terminer*
308 Mais mon encre étoit gelé
Et mon cierge étoit soufflé ;
De feu je n'eusse pu finer *.   * *me procurer*
Si m'endormis, tout emmouflé,
312 Et ne pus autrement finer.

XL

Fait ou temps de ladite date
Par le bon renommé Villon,
Qui ne mange figue ne date,
316 Sec et noir comme un écouvillon,
Il n'a tente ne pavillon
Qu'il n'ait laissé à ses amis,   * *et n'a plus*
Et n'a mais qu'un peu de billon *   *qu'un petit peu*
320 Qui sera tantôt * à fin mis.   *de monnaie*
                                   * *bientôt*

Le Testament

I

1 En l'an de mon trentième âge *   * année
  Que toutes mes hontes j'eus bues,
  Ne du tout fol, ne du tout sage,
4 Non obstant * maintes peines eues,   * malgré
  Lesquelles j'ai toutes reçues
  Sous la main Thibaut d'Aussigny...
  S'évêque il est, signant * les rues,   * bénissant
8 Qu'il soit le mien je le regny * !   * renie

II

  Mon seigneur n'est ne mon évêque ;   * je ne tiens
  Sous lui ne tiens, s'il n'est en friche * ;   rien de lui qui
  Foi ne lui dois n'hommage avecque ;   ne soit en
12 Je ne suis son serf ne sa biche *.   friche
  Pu m'a d'une petite miche   * mignon
  Et de froide eau tout un été.
  Large ou étroit *, mout me fut chiche :   * qu'il soit
16 Tel lui soit Dieu qu'il m'a été.   généreux ou
                                          avare,

III

Et s'aucun * me vouloit reprendre   * quelqu'un
Et dire que je le maudis,
Non fais *, se bien le sait comprendre,   * je ne le fais pas
20 En rien de lui je ne médis.
Veci * tout le mal que je dis :   * voici
S'il m'a été miséricors *,   * miséricordieux
Jésus, le roi de paradis,
24 Tel lui soit à l'âme et au corps !

IV

Et s'été m'a dur ne * cruel   * ou
Trop plus que ci je ne raconte,
Je veul que le Dieu éternel
28 Lui soit donc semblable à ce compte.
Et l'Église nous dit et conte *   * enseigne
Que prions pour nos ennemis.
Je vous dirai : « J'ai tort et honte,
32 Quoi qu'il m'ait fait, a Dieu remis * ! »   * je me suis remis à Dieu du tort et de la honte que j'ai pu subir.

V

Si prierai pour lui de bon cœur *,   * sans arrière-pensée
Pour * l'ame du bon feu Cotart !   * par
Mais quoi ? ce sera donc par cœur,
36 Car de lire je suis fétard * :   * paresseux
Prière en ferai de Picard ;
S'il ne le sait, voise * l'apprendre,   * qu'il aille
S'il m'en croit, ains qu *'il soit plus tard,   * avant que
40 A Douai ou à Lille en Flandre.

VI

Combien *, souvent je veul qu'on prie
Pour lui, foi que dois mon baptême *,
Obstant * qu'à chacun ne le crie,
44 Il ne faudra pas à son esme *.
Ou Psautier * prends, quand suis à même,
Qui n'est de bœuf ne cordouan *,
Le verselet écrit septième
48 Du psaume de *Deus Laudem*[1].

* *cependant*
* *par la foi que je dois à mon baptême*
* *vu qu'il ne crie pas à chacun*
* *il ne sera pas déçu dans son attente*
* *dans le Psautier*
* *qui n'est pas relié en bœuf ni en cuir de Cordoue*

VII

Si prie au benoît fils de Dieu,
Qu'à tous mes besoins je réclame,
Que ma pauvre prière ait lieu *
52 Vers lui, de qui tiens corps et âme,
Qui m'a préservé de maint blâme
Et franchi de vile puissance *,
Loué soit-il, et Notre Dame,
56 Et Loïs, le bon roi de France,

* *soit admise*
* *et affranchi d'une puissance maléfique*

VIII

Auquel doint Dieu * l'heur de Jacob.
Et de Salmon l'honneur et gloire,
(Quant de prouesse, il en a trop,
60 De force aussi, par m'âme, voire *!)
En ce monde-ci transitoire,
Tant qu'il a de long et de lé *,
Afin que de lui soit mémoire,
64 Vivre autant que Mathieusalé *!

* *Que Dieu lui donne*
* *par mon âme, en vérité*
* *large*
* *Mathusalem*

---

1. Psaume CVIII, 7 : « Que ses jours soient abrégés et qu'un autre prenne sa charge. »

IX

Et douze beaux enfants, tous mâles,
Vëoir * de son cher sang royal,
Aussi preux que fut le grand Charles *
68 Conçus en ventre nuptial,
Bons comme fut saint Martial.
Ainsi en preigne au feu Dauphin * !
Je ne lui souhaite autre mal,
72 Et puis paradis en la fin.

* et (que Dieu
lui donne) de
voir
* Charle-
magne

* qu'il en
advienne ainsi
à l'ex-dauphin

X

Pour ce que faible je me sens
Trop plus de biens que de santé,
Tant que je suis en mon plein sens,
76 Si peu que Dieu m'en a prêté,
Car d'autre ne l'ai emprunté,
J'ai ce Testament très estable
Fait, de dernière volonté,
80 Seul pour tout et irrévocable,

XI

Et écrit l'an soixante-et-un
Lorsque le roi me délivra
De la dure prison de Meun,
84 Et que vie me recouvra *,
Dont suis, tant que mon cœur vivra,
Tenu vers lui m'humilier,
Ce que ferai jusque il mourra * :
88 Bienfait ne se doit oublier.

* et qu'il me
rendit la vie

* jusqu'à ce
que mon cœur
meure.

XII

Or est vrai qu'après plaints et pleurs
Et angoisseux gémissements,
Après tristesses et douleurs,
92 Labeurs et griefs * cheminements,
Travail mes lubres sentements,
Aiguisés comme une pelote,
M'ouvrit plus que tous les comments
96 D'Averroÿs sur Aristote *.

* pénibles, durs
* La souffrance ouvrit mon esprit incertain, aussi émoussé qu'une pelote, plus que tous les commentaires d'Averroes sur Aristote

XIII

Combien *, au plus fort de mes maux,
En cheminant sans croix ne pile *,
Dieu, qui les pèlerins d'Emmaus *
100 Conforta, ce dit l'Évangile [1],
Me montra une bonne ville
Et pourvue du don d'espérance ;
Combien que péché si soit vile,
104 Rien ne hait que persévérance.

* Cependant
* sans un centime
* Emmaüs

XIV

Je suis pécheur, je le sais bien ;
Pourtant ne veut pas Dieu ma mort [2],
Mais convertisse et vive en bien *,
108 Et tout autre que péché mord.
Soit vraie volonté ou ennort,
Dieu voit *, et sa miséricorde,
Se conscience me remord *,
112 Par sa grâce pardon m'accorde.

* que je me convertisse et vive dans le bien
* Dieu voit si l'on a péché par un acte de volonté ou entraîné par d'autres
* reprend, critique

1. Saint Luc, XXIV, 13-16.
2. Ézéchiel, XXXIII, 11 : « Vivo ego, dicit Dominus Deus, nolo mortem impii, sed ut convertatur impius a via sua et vivat. »

XV

Et, comme le noble *Romant*
De la Rose dit et confesse *   * proclame
En son premier commencement
116 Qu'on doit jeune cœur en jeunesse,
Quand on le voit vieil en vieillesse,
Excuser, hélas ! il dit voir *.   * vrai
Ceux donc qui me font telle presse
120 En murté * ne me voudroient voir.   * maturité

XVI

Se, pour ma mort, le bien publique   * si de ma
D'aucune chose vausît mieux *,   mort le bien
A mourir comme un homme inique   public retirait
124 Je me jugeasse, ainsi m'est Dieus * !   quelque profit
                                                   * par Dieu
Griefs ne fais à jeunes ne vieux,
Soie * sur pieds ou soie en bière :   * que je sois
Les monts ne bougent de leurs lieux
128 Pour un pauvre, n'avant n'arrière.

XVII

Ou temps qu'Alixandre régna,
Un hom nommé Diomédès
Devant lui on lui amena,   * les pouces et
                                                     les doigts pris
132 Engrillonné pouces et dés *   dans les pou-
                                                     cettes
Comme larron, car il fut des   * pirates
Écumeurs * que voyons courir ;   * ce chef de
Si fut mis devant ce cadès *   pirates fut
                                                     amené devant
136 Pour être jugé à mourir.   Alexandre

XVIII

L'empereur si l'araisonna * :
« Pourquoi es-tu larron en mer ? »
L'autre réponse lui donna :
140 « Pourquoi larron me fait clamer ?
Pour ce qu'on me voit écumer
En une petiote fuste * ?
Se comme toi me pusse armer,
144 Comme toi empereur je fusse.

* *lui adressa la parole*

* *en un tout petit bateau*

XIX

« Mais que veux-tu ? De ma fortune *
Contre qui ne puis bonnement *,
Qui si faussement me fortune *,
148 Me vient tout ce gouvernement.
Excusez-moi aucunement,
Et sachez qu'en grand pauvreté
— Ce mot se dit communément —
152 Ne gît pas grande loyauté. »

* *destin*

* *contre qui je ne puis rien*
* *me traite*

XX

Quand l'empereur ot remiré *
De Diomédès tout le dit :
« Ta fortune je te muerai
156 Mauvaise en bonne », si lui dit.
Si fit-il. Onc puis ne médit *
A personne, mais fut vrai homme,
Valère pour vrai le vous dit,
160 Qui fut nommé le Grand à Rome

* *eut examiné, considéré*

* *Jamais plus Alexandre ne dit du mal*

XXI

Se Dieu m'eût donné rencontrer
Un autre piteux* Alixandre   * *pitoyable*
Qui m'eût fait en bon cœur entrer,
164 Et lors qui* m'eût vu condescendre   * *si on*
A mal, être ars et mis en cendre
Jugé me fusse* de ma voix.   * *je me fusse*
Nécessité fait gens méprendre   *condamné à*
168 Et faim saillir le loup du bois.   *être brûlé et*
                                              réduit en cen-
                                              dres

XXII

Je plains le temps de ma jeunesse
Ouquel j'ai plus qu'autre galé*   * *fait la noce*
Jusqu'à l'entrée de vieillesse
172 Qui son partement* m'a celé.   * *départ*
Il ne s'en est a pied allé
Në a cheval, las! comment don?
Soudainement s'en est volé
176 Et ne m'a laissé quelque don.

XXIII

Allé s'en est, et je demeure,
Pauvre de sens et de savoir,
Triste, pâli, plus noir que meure*,   * *mûre*
180 Qui n'ai n'écus rente n'avoir;
Des miens le mendre*, je dis voir,   * *le moindre*
De me désavouer s'avance*,   * *va jusqu'à*
Oubliant naturel devoir   * *parce que je*
184 Par faute d'un peu de chevance*.   *manque d'un*
                                              peu d'argent.

XXIV

Si ne crains avoir dépendu *   * dépensé
Par friander ne par lécher * ;   * dans les plai-
Par trop aimer n'ai rien vendu   sirs de la table
188 Que nul * me puisse reprocher,   * quelqu'un
Au moins qui leur coûte mout * cher. * très
Je le dis et ne crois médire * ;   * mentir
De ce je me puis revencher * :   * me défendre
192 Qui n'a méfait ne le doit dire.   de ce reproche

XXV

Bien est verté * que j'ai aimé   * vérité
Et aimeroie volontiers ;
Mais triste cœur, ventre affamé
196 Qui n'est rassasié au tiers,
M'ôte des amoureux sentiers.
Au fort, quelqu'un s'en récompense,
Qui est rempli sur les chantiers * ! * Bref, quel-
200 Car de la pance vient la dance.   qu'un le fait à
                                      ma place, un
                                      homme qui a
                                      le ventre plein

XXVI

Bien sais, se j'eusse étudié
Ou * temps de ma jeunesse folle,   * au
Et à bonnes mœurs dédié *,   * et si je
204 J'eusse maison et couche molle.   m'étais voué
Mais quoi ? je fuyoie l'école,   aux bonnes
Comme fait le mauvais enfant.   mœurs,
En écrivant cette parole
208 A peu * que le cœur ne me fend.   * il s'en faut de
                                      peu

XXVII

Le dit du Sage trop lui fis
Favorable (bien en puis mais * !)   * j'en suis bien
Qui dit [1] : « Éjouis-toi, mon fils,   avancé
212 En ton adolescence. » Mais
Ailleurs sert bien d'un autre mets,
Car « jeunesse et adolescence »,
C'est son parler, ne moins ne mais *,   * ni moins ni
216 « Ne sont qu'abus * et ignorance. »   plus
    * erreur

XXVIII

« Mes jours s'en sont allés errant *   * rapidement
Comme, Job dit [2], d'une touaille *   * pièce de toile
Sont les filets, quand tisserand
220 En son poing tient ardente paille. »
Lors, s'il y a un bout qui saille *,   * fasse saillie,
Soudainement il est ravi.   ressorte
Si ne crains rien qui plus m'assaille
224 Car à la mort tout s'assouvit *.   * s'achève

XXIX

Où sont les gracieux galants *   * noceurs
Que je suivoie ou temps jadis,
Si bien chantant, si bien parlant,
228 Si plaisants en faits et en dits ?
Les aucuns * sont morts et roidis,   * certains
D'eux n'est-il plus rien maintenant :
Répit ils aient en paradis,
232 Et Dieu sauve le remenant * !   * le reste

---

1. Ecclésiaste, XI, 9-10 : « Laetare ergo juvenis in adolescentia tua...
Adolescentia enim et voluptas vana sunt. »
2. Job, VII, 6 : « Dies mei velocius transierunt quam a texente tela
succiditur, et consumpti sunt absque ulla spe. »

XXX

Et les autres sont devenus,
Dieu merci ! grands seigneurs et maîtres ;
Les autres mendient tous nus
236 Et pain ne voient qu'aux fenêtres ;
Les autres sont entrés en cloîtres
De Célestins ou de Chartreux,
Bottés, housés com pêcheurs d'œstres * :   * guêtrés
240 Voyez l'état divers d'entre eux.   comme des
                                                  pêcheurs
                                                  d'huîtres

XXXI

Aux grands maîtres doint Dieu * bien faire,   * que Dieu
Vivant en paix et en requoi * :   donne
En eux il n'y a que refaire *,   * repos
                                                  * rien à
244 Si * s'en fait bon taire tout coi.   reprendre
Mais aux pauvres qui n'ont de quoi,   * aussi
Comme moi, doint Dieu patience !
Aux autres ne faut qui ne quoi *,   * ne manque
248 Car assez ont vin et pitance.   quoi que ce
                                                  soit

XXXII

Bons vins ont, souvent embrochés *,   * mis en perce
Sauces, brouets et gros poissons ;
Tartes, flans, œufs frits et pochés,
252 Perdus et en toutes façons.
Pas ne ressemblent les maçons
Que servir faut à si grand peine :
Ils ne veulent nuls échansons,   * de se verser à
256 De soi verser * chacun se peine.   boire

XXXIII

En cet incident * me suis mis   * *digression*
Qui de rien ne sert à mon fait ;
Je ne suis juge, ne commis
260 Pour punir n'absoudre méfait :
De tous suis le plus imparfait,
Loué soit le doux Jésus-Christ !
Que par moi leur soit satisfait * ;   * *qu'ils reçoivent mes excuses*
264 Ce que j'ai écrit est écrit.

XXXIV

Laissons le moutier * où il est ;   * *l'église*
Parlons de chose plus plaisante :
Cette matière à tous ne plaît,
268 Ennuyeuse est et déplaisante.
Pauvreté, chagrine et dolente,
Toujours, dépiteuse * et rebelle,   * *méprisante, critique*
Dit quelque parole cuisante ;
272 S'elle n'ose, si le pense-elle.

XXXV

Pour ce que suis, de * ma jeunesse,   * *depuis*
De pauvre et de petite extrace *.   * *extraction*
Mon père n'ot * onc grand richesse,   * *eut*
276 Ne son aïeul nommé Orace.
Pauvreté tous nous suit et trace * ;   * *traque*
Sur les tombeaux de mes ancêtres,   * *que Dieu prenne leurs âmes dans ses bras*
Les âmes desquels Dieu embrasse * !
280 On n'y voit couronnes ne sceptres.

XXXVI

De pauvreté me grementant *,   * *lamentant*
Souventes fois me dit le cœur :
« Homme, ne te doulouse * tant   * *chagrine*
284 Et ne demène tel douleur ;
Se tu n'as tant qu'eut Jacques Cœur,
Mieux vaut vivre sous gros bureau *,   * *gros drap de*
Pauvre, qu'avoir été seigneur   *bure*
288 Et pourrir sous riche tombeau ! »

XXXVII

Qu'avoir été seigneur !... Que dis ?
Seigneur, lasse ! ne l'est-il mais * ?   * *ne l'est-il*
Selon que * David en dit [1],   *plus ?*
292 Son lieu ne connaîtra jamais.   * *ce que*
Et du surplus, je m'en démets :
Il n'appartient à moi, pécheur ;
Aux théologiens le remets,
296 Car c'est office de prêcheur.

XXXVIII

Si ne suis, bien le considère,
Fils d'ange portant diadame
D'étoile ne d'autre sidère *.   * *astre*
300 Mon père est mort, Dieu en ait l'âme !
Quant est du corps, il gît sous lame *...   * *il est étendu*
J'entends * que ma mère mourra,   *sous la pierre*
El'le sait bien, la pauvre femme,   *tombale*
304 Et le fils pas ne demourra *.   * *je sais, je*
                                                   comprends
                                                   * *demeurera*

1. Psaume CII, 16 : « Et non cognoscet amplius locum suum. »

XXXIX

Je congnois que pauvres et riches,
Sages et fous, prêtres et lais *,   * *laïcs*
Nobles, vilains *, larges et chiches,   * *paysans*
308 Petits et grands, et beaux et laids,
Dames à rebrassés collets *,   * *collets*
                                                     retroussés
De quelconque condition,
Portant atours et bourrelets *,   * *coiffures des*
                                                     dames nobles
312 Mort saisit sans exception.   *et des bour-*
                                                     geoises

XL

Et meure ou Pâris ou Hélène,
Quiconque meurt, meurt à douleur
Celui qui perd vent * et haleine,   * *souffle*
316 Son fiel se crève sur son cœur,
Puis sue, Dieu sait quel sueur !
Et qui de ses maux si l'allège ?
Car enfant n'a, frère ne sœur
320 Qui lors vousît être son pleige *.   * *voulût être sa*
                                                     caution

XLI

La mort le fait frémir, pâlir,
Le nez courber, les veines tendre,
Le corps enfler, lâcher, mollir,
324 Jointes * et nerfs croître et étendre.   * *articulations*
Corps féminin, qui tant es tendre,
Poli, souef *, si précieux,   * *doux*
Te faudra-t-il ces maux attendre ?
328 Oui, ou tout vif aller ès cieux.

BALLADE
DES DAMES DU TEMPS JADIS

Dites-moi où, n*en quel pays   *et*
Est Flora la belle Romaine,
Archipiades ne Thaïs
332 Qui fut sa cousine germaine ;
Écho, parlant quand bruit on mène
Dessus rivière ou sur étang,
Qui beauté ot* trop plus qu'humaine ?   *eut*
336 Mais où sont les neiges d'antan ?

Où cst la très sage Héloïs,
Pour qui fut châtré et puis moine
Pierre Esbaillart à Saint-Denis ?
340 Pour son amour ot cette essoine *.   *épreuve, peine*
Semblablement, où est la roine
Qui commanda que Buridan
Fût jeté en un sac en Seine ?
344 Mais où sont les neiges d'antan ?

La roine Blanche comme un lis
Qui chantoit à voix de seraine *,   *sirène*
Berthe au plat pied, Bietrix, Aliz,
348 Haramburgis qui tint le Maine,

Et Jeanne, la bonne Lorraine
Qu'Anglois brûlèrent à Rouen ;
Où sont-ils *, où, Vierge souvraine ?
352 Mais où sont les neiges d'antan ?

Prince, n'enquerrez de semaine
Où elles sont, ne de cet an,
Qu'à ce refrain ne vous remaine * :
356 Mais où sont les neiges d'antan ?

*elles
* vous ne sau-
rez demander
de toute cette
semaine, où
elles sont, ni
de toute cette
année, sans
que je vous
ramène à ce
refrain.

BALLADE
DES SEIGNEURS DU TEMPS JADIS

Qui plus, où est li tiers Calixte *,   * *Calixte III*
Dernier décédé de ce nom,
Qui quatre ans tint le papaliste * ?   * *la papauté*
360 Alphonse le roi d'Aragon,
Le gracieux duc de Bourbon,
Et Artus le duc de Bretagne,
Et Charles septième le bon ?
364 Mais où est le preux Charlemagne ?

Semblablement, le roi scotiste
Qui demi face ot, ce dit-on,
Vermeille comme une émastiste *   * *améthyste*
368 Depuis le front jusqu'au menton ?
Le roi de Chypre de renom,
Hélas ! et le bon roi d'Espagne
Duquel je ne sais pas le nom ?
372 Mais où est le preux Charlemagne ?

D'en plus parler je me désiste ;
Ce n'est que toute abusion.
Il n'est qui contre mort résiste   * *trouve à se*
376 Ne qui treuve provision *.   *prémunir*

Encor fais une question :
Lancelot le roi de Behaygne *,   * *Bohême*
Où est-il, où est son tayon * ?   * *aïeul*
380 Mais où est le preux Charlemagne ?

Où est Claquin, le bon Breton ?
Où le comte Dauphin d'Auvergne,
Et le bon feu duc d'Alençon ?
384 Mais où est le preux Charlemagne ?

BALLADE
EN VIEIL LANGAGE FRANÇOIS

Car, ou soit ly sains appostolles *
D'aubes vestuz, d'amys * coeffez,
Qui ne seint * fors saintes estolles
388 Dont par le col prent ly mauffez *
De mal talant * tous eschauffez,
Aussi bien meurt que filz servans,
De ceste vie cy brassez :
392 Autant en emporte ly vens.

* pape
* amict
* ceint
* le diable
* méchanceté

Voire, ou soit de Constantinobles *
L'emperieres * au poing dorez,
Ou de France le roy tres nobles
396 Sur tous autres roys decorez *,
Qui pour luy grant Dieux adorez
Batist esglises et couvens,
S'en son temps il fut honnorez,
400 Autant en emporte ly vens.

* Constantino-
ple
* l'empereur

* glorieux

Ou soit de Vienne et Grenobles
Ly Dauphin, le preux, ly senez *,
Ou de Digons, Salins et Dolles
404 Ly sires filz le plus esnez *,

* le sage

* l'aîné

Ou autant de leurs gens prenez,
Heraux, trompectes, poursuivans,
Ont ilz bien boutez soubz le nez*?

408 Autant en emporte ly vens.

*se sont-ils
bien empif-
frés?*

Prince a mort sont tous destinez,
Et tous autres qui sont vivans :
S'ils en sont courciez n'atinez*,

412 Autant en emporte ly vens.

*irrités ou
chagrins*

XLII

Puisque papes, rois, fils de rois
Et conçus en ventres de roines,
Sont ensevelis morts et froids,
416 En autrui mains passent leurs règnes *,
Moi, pauvre mercerot * de Rennes,
Mourrai-je pas ? Oui. Se Dieu plaît,
Mais que j'aie fait mes étrennes *,
420 Honnête mort ne me déplaît.

* et que leurs royaumes passent entre les mains d'autrui
* petit mercier
* pourvu que j'aie reçu ma part de bon temps

XLIII

Ce monde n'est perpétuel,
Quoi que pense riche pillard :
Tous sommes sous mortel coutel.
424 Ce confort * prend pauvre vieillard,
Lequel d'être plaisant raillard
Ot le bruit *, lorsque jeune étoit,
Qu'on tendroit * à fol et paillard,
428 Se, vieil, à railler se mettoit.

* cette consolation, ce réconfort
* eut le renom
* tiendrait, prendrait pour

XLIV

Or lui convient-il mendier,
Car à ce force le contraint *.
Regrette * hui sa mort et hier,
432 Tristesse son cœur si éteint !
Si, souvent, n'étoit Dieu qu'il craint,
Il feroit un horrible fait ;
Et advient qu'en ce Dieu enfreint *,
436 Et que lui-même se défait *.

* la nécessité l'y contraint
* il appelle de ses vœux

* en cela enfreint la loi de Dieu
* se détruit

XLV

Car s'en jeunesse il fut plaisant,
Ores* plus rien ne dit qui plaise.   * *maintenant*
Toujours vieil singe est déplaisant,
440 Moue ne fait qui ne déplaise ;
S'il se tait, afin qu'il complaise,
Il est tenu pour fol recru*,   * *fou épuisé*
S'il parle, on lui dit qu'il se taise,
444 Et qu'en son prunier n'a pas crû*.   * *et que cela
n'a pas poussé
dans son pru-
nier, n'est pas
de son cru.*

XLVI

Aussi ces pauvres femmelettes
Qui vieilles sont et n'ont de quoi,
Quand ils* voient ces pucelettes   * *les vieilles*
448 Emprunter, elles, à recoi
Ils demandent* à Dieu pourquoi   * *elles deman-
dent tout bas*
Si tôt naquirent, n'à quel droit.   * *car à discuter
il perdrait la
partie.*
Notre Seigneur se tait tout coi,
452 Car au tancer il le perdroit*.

LES REGRETS
DE LA BELLE HËAUMIÈRE

XLVII

Avis m'est que j'oi * regretter
La Belle qui fut hëaumière *,
Soi jeune fille souhaiter
456 Et parler en telle manière :
« Ha ! vieillesse félonne et fière *,
Pourquoi m'as si tôt abattue ?
Qui me tient, qui, que ne me fière *,
460 Et qu'à ce coup je ne me tue ?

* entends
* femme ou employée d'un marchand de casques.
* cruelle
* Qu'est-ce qui me retient que je ne me frappe ?

XLVIII

« Tolu * m'as ma haute franchise
Que beauté m'avait ordonné *
Sur clercs, marchands et gens d'Église :
464 Car lors il n'étoit homme né
Qui tout le sien * ne m'eût donné,
Quoiqu'il en fût des repentailles,
Mais que * lui eusse abandonné
468 Ce que refusent truandailles *.

* Tu m'as ravi la toute-puissance
* accordée
* tout son bien
* à condition
* ce que refuse maintenant la canaille

XLIX

« A maint homme l'ai refusé,
Qui * n'étoit à moi grand sagesse,　　　* *ce qui*
Pour l'amour d'un garçon rusé,
472　Auquel j'en fis grande largesse.
A qui que je fisse finesse *,　　　* *si je trompais*
Par m'âme, je l'aimoie bien !　　　*les autres par*
Or ne me faisoit que rudesse,　　　*mes coquette-*
476　Et ne m'aimoit que pour le mien *.　　*ries, par mon*
　　　　　　　　　　　　　　　　　　　âme, lui, je
　　　　　　　　　　　　　　　　　　　l'aimais bien
　　　　　　　　　　　　　　　　　　　* *pour mon*
　　　　　　　　　　　　　　　　　　　argent

L

« Si ne me sût tant detraîner *,　　　* *Pourtant il*
Fouler aux pieds, que ne * l'aimasse,　　*n'aurait pas su*
Et m'eût-il fait les reins traîner,　　　*me traîner*
　　　　　　　　　　　　　　　　　　　* *sans que*
480　S'il m'eût dit que je le baisasse,
Que tous mes maux je n'oubliasse !
Le glouton *, de mal enteché,　　　* *canaille*
M'embrassoit... J'en suis bien plus grasse !
484　Que m'en reste-il ? Honte et péché.

LI

« Or est-[il] mort, passé trente ans,
Et je remains * vieille, chenue.　　　* *reste*
Quand je pense, lasse ! au bon temps,
488　Que me regarde toute nue,
Quelle suis, quelle devenue,
Et je me vois si très changée,
Pauvre, sèche, maigre, menue,
492　Je suis presque toute enragée.

LII

« Qu'est devenu ce front poli,
Ces cheveux blonds, sourcils voutis *,   ** arqués*
Grand entrœil, ce regard joli,
496 Dont prenoie les plus subtils * ;   ** malins*
Ce beau nez droit, grand ne petiz,
Ces petites jointes oreilles,
Menton fourchu *, clair vis traitiz **,   ** à fossette*
500 Et ces belles lèvres vermeilles ?   *** visage bien dessiné*

LIII

« Ces gentes épaules menues,
Ces bras longs et ces mains traitisses,
Petits tétins, hanches charnues,
504 Élevées, propres, faitisses *   ** bien faites*
A tenir amoureuses lices * ;   ** pour les tournois amoureux*
Ces larges reins, ce sadinet *   ** appelé aussi « la Chambre de Vénus ».*
Assis sur grosses fermes cuisses
508 Dedans son petit jardinet ?

LIV

« Le front ridé, les cheveux gris,
Les sourcils chus, les yeux éteints,
Qui faisoient regards et ris
512 Dont maints méchants * furent atteints ;   ** malheureux*
Nez courbes, de beauté lointains,
Oreilles pendantes, moussues,
Le vis pâli, mort et déteins,
516 Menton froncé, lèvres peaussues...

LV

« C'est d'humaine beauté l'issue !
Les bras courts et les mains contraites *,   * *rétractées*
Des épaules toute bossue ;
520 Mamelles, quoi ? toutes retraites * ;   * *ratatinées*
Telles les hanches que les tettes * ;   * *tétins*
Du sadinet, fi ! Quant des cuisses,
Cuisses ne sont plus, mais cuissettes
524 Grivelées * comme saucisses.   * *tachetées*

LVI

« Ainsi le bon temps regrettons
Entre nous, pauvres vieilles sottes,
Assises bas, à croupetons,
528 Tout en un tas comme pelotes,
A petit feu de chenevottes *   * *près d'un*
Tôt allumées, tôt éteintes ;   *petit feu de*
Et jadis fûmes si mignottes !   *brins de chan-*
                                                     vre
532 Ainsi en prend * à maints et maintes. »   * *c'est ce qui*
                                                     arrive

BALLADE
DE LA BELLE HËAUMIÈRE
AUX FILLES DE JOIE

« Or y pensez, belle Gautière
Qui écolière souliez être *,
Et vous, Blanche la Savetière,
536 Or * est-il temps de vous connaître,
Prenez à dêtre ou à senêtre * ;
N'épargnez homme, je vous prie ;
Car vieilles n'ont ne cours ne être,
540 Ne que monnoie qu'on décrie *.

qui aviez l'habitude de fréquenter les écoliers
maintenant
à droite et à gauche

« Et vous, la gente Saucissière
Qui de danser êtes adêtre *,
Guillemette la Tapissière,
544 Ne méprenez * vers votre maître :
Tôt vous faudra clore tenêtre *,
Quand deviendrez vieille, flétrie :
Plus ne servirez qu'un vieil prêtre,
548 Ne que monnoie qu'on décrie.

pas plus qu'une monnaie qu'on retire de la circulation
habile, adroite
ne commettez pas de faute
fermer boutique

Jeanneton la Chaperonnière,
Gardez qu'ami ne vous empêtre * ;
Et Catherine la Boursière,
552 N'envoyez pas les hommes paître ;

ne vous mette une entrave

Car qui belle n'est, ne perpètre
Leur male grâce, mais leur rie *,
Laide vieillesse amour n'empètre *
556 Ne que monnoie qu'on décrie.

Filles, veuillez vous entremettre
D'écouter pourquoi pleure et crie :
Pour ce que je ne me puis mettre *
560 Ne que monnoie qu'on décrie. »

* car, qu'un
laideron ne les
tienne pas en
disgrâce, mais
leur fasse des
sourires
* (néanmoins)
la laide vieil-
lesse n'attire
pas l'amour
* mettre en cir-
culation, trou-
ver preneur

LVII

Cette leçon ici leur baille *   * donne
La belle et bonne de jadis ;
Bien dit ou mal, vaille que vaille,
564 Enregistrer j'ai fait ces dits
Par mon clerc Fremin l'étourdis,
Aussi rassis que je pense être.
S'il me dément, je le maudis :
568 Selon le clerc est duit le maître *.   * selon le
                                              secrétaire se
                                              conduit le maî-
                                              tre

LVIII

Si aperçois le grand danger
Ouquel homme amoureux se boute ;
Et qui me voudroit laidanger *   * et si l'on vou-
572 De ce mot, en disant : « Écoute !   lait me repren-
                                              dre
Se d'aimer t'étrange et reboute *   * te détourne et
Le barrat * de celles nommées,   te dissuade
                                              * la tromperie
Tu fais une bien folle doute *,   * tu éprouves
576 Car ce sont femmes diffamées.   une bien folle
                                              crainte

LIX

« S'ils * n'aiment fors que pour l'argent,   * Si elles
On ne les aime que pour l'heure ;
Rondement aiment toute gent,
580 Et rient lors quand bourse pleure.
De celles-ci n'est qui ne queure * ;   * De celles-ci il
                                              n'en est point
Mais en femmes d'honneur et nom   qui ne soit
Franc homme, si Dieu me sequeure *,   coureuse
                                              * que Dieu me
584 Se doit employer ; ailleurs, non. »   secoure !

LX

Je prends qu'aucun * die ceci,　　　　　* *Je suppose*
Si ne me contente-il en rien.　　　　　*que quelqu'un*
En effet, il conclut ainsi,
588 Et je le cuide * entendre bien,　　　　* *je crois*
Qu'on doit aimer en lieu de bien :
Assavoir mon * se ces fillettes　　　　* *il reste à*
Qu'en paroles toute jour tien *,　　　　*savoir si*
　　　　　　　　　　　　　　　　　　* *avec qui je*
592 Ne furent-ils * femmes honnêtes ?　　*fais la conver-*
　　　　　　　　　　　　　　　　　　sation tout le
　　　　　　　　　　　　　　　　　　jour
　　　　　　　　　　　　　　　　　　* *elles*

LXI

Honnêtes si furent vraiment,
Sans avoir reproches ni blâmes.
Si est vrai qu'au commencement
596 Une chacune de ces femmes
Lors prirent, ains qu'eussent diffames *,　* *avant*
L'une un clerc, un lai *, l'autre un moine,　*qu'elles eus-*
Pour éteindre d'amours leurs flammes　　*sent mauvaise*
　　　　　　　　　　　　　　　　　　réputation
600 Plus chaudes que feu saint Antoine.　* *laïc*

LXII

Or firent selon ce Décret
Leurs amis, et bien y apert * ;　　　　* *c'est bien*
Ils aimoient en lieu secret,　　　　　*clair*
604 Car autre qu'eux n'y avoit part.
Toutefois, celle amour se part * :　　* *se partage*
Car celle qui n'en avoit qu'un
De celui s'éloigne et départ *,　　　* *se sépare*
608 Et aime mieux aimer chacun.

LXIII

Qui les meut * à ce ? J'imagine,
Sans l'amour des dames blâmer,
Que c'est nature féminine
612 Qui tout uniement * veut aimer.
Autre chose n'y sais rimer
Fors qu'on dit à Reims et à Trois *,
Voire à Lille ou à Saint-Omer,
616 Que six ouvriers font plus que trois.

* Qu'est-ce qui les pousse

* sans distinction

* Troyes (Aube)

LXIV

Or ont ces fols amants le bond *
Et les dames pris la volée ;
C'est le droit loyer * qu'amours ont :
620 Toute foi y est violée,
Quelque doux baiser n'acolée *.
« De chiens, d'oiseaux, d'armes, d'amours, »
C'est pure vérité décelée,
624 « Pour une joie cent doulours. »

* ont été abandonnés

* salaire

* ou embrassade

DOUBLE BALLADE

Pour ce, aimez tant que voudrez,
Suivez assemblées et fêtes,
En la fin ja mieux n'en vaudrez
628 Et n'y romperez que vos têtes ;
Folles amours font les gens bêtes :
Salmon en idolatria *,
Samson en perdit ses lunettes.
632 Bien heureux est qui rien n'y a !

* Salomon devint idolâtre

Orpheüs le doux ménétrier,
Jouant de flûtes et musettes,
En fut en danger du meurtrier
636 Chien Cerbérus à quatre têtes ;
Et Narcissus, le bel honnêtes *,
En un parfond puits se noya
Pour l'amour de ses amourettes.
640 Bien heureux est qui rien n'y a !

* le bel imbécile

Sardana *, le preux chevalier
Qui conquit le règne * de Crètes,
En voulut devenir moulier *
644 Et filer entre pucelettes ;

* Sardanapale
* royaume
* femme

David le roi, sage prophètes,
Crainte de Dieu en oublia,
Voyant laver cuisses bien faites.
648 Bien heureux est qui rien n'y a !

Amon en vout * déshonourer,   * voulut
Feignant de manger tartelettes,
Sa sœur Thamar et déflourer,
652 Qui fut chose mout déshonnêtes ;
Hérode, pas ne sont sornettes,
Saint Jean-Baptiste en décola
Pour danses, sauts et chansonnettes.
656 Bien heureux est qui rien n'y a !

De moi, pauvre, je veuil parler :
J'en fus battu comme à ru teles *,   * comme toiles
Tout nu, ja ne le quiers celer *.   au ruisseau
                                             * je ne cherche
660 Qui me fit mâcher ces groselles *,   pas à le cacher
Fors Catherine de Vaucelles ?   * recevoir cette
Noël, le tiers, ait, qui fut la,   punition
Mitaines à ces noces telles * !   imméritée
                                             * Que Noël, le
664 Bien heureux est qui rien n'y a !   témoin qui fut
                                             là, reçoive de
                                             tels coups à ses
                                             noces !

Mais que ce jeune bacheler *   * jeune
Laissât ces jeunes bachelettes * ?   homme
Non ! et le dût-on brûler   * jeunes filles
668 Comme un chevaucheur d'écouvettes *.   * sorcier qui
Plus douces lui sont que civettes ;   chevauche les
Mais toutefois fol s'y fia :   balais
Soient blanches, soient brunettes,
672 Bien heureux est qui rien n'y a !

LXV

Se celle que jadis servoie
De si bon cœur et loyaument,
Dont tant de maux et griefs j'avoie,
676 Et souffroie tant de tourment,
Se dit m'eût, au commencement,
Sa volonté (mais nenni, las !),
J'eusse mis peine aucunement *   * de quelque
680 De moi retraire de ses lacs.   manière

LXVI

Quoi que je lui vousisse * dire,   * voulusse
Elle étoit prête d'écouter
Sans m'accorder ne contredire ;
684 Qui plus, me souffroit acouter *   * approcher
Joignant d'elle, près sacouter *,   tout près d'elle
Et ainsi m'alloit amusant,   * lui parler à
Et me souffroit tout raconter ;   l'oreille
688 Mais ce n'étoit qu'en m'abusant.

LXVII

Abusé m'a et fait entendre
Toujours d'un que ce fût un autre ;
De farine, que ce fût cendre ;
692 D'un mortier, un chapeau de fautre * ;   * feutre
De vieil mâchefer que fût peautre * ;   * étain
D'ambesas * que c'étoient ternes ** ;   * deux as
(Toujours trompoit ou moi ou autre   ** deux trois
696 Et rendoit vessies pour lanternes) ;

LXVIII

Du ciel, une poêle d'arain * ;   * airain
Des nues, une peau de veau ;
Du matin, que ce soit le serein ;
700 D'un trognon de chou, un naveau ;
D'orde cervoise *, vin nouveau ;   * bière répu-
                                                       gnante
D'une truie, un moulin à vent ;
Et d'une hart *, un écheveau ;   * corde pour
                                                       pendre
704 D'un gras abbé, un poursuivant.

LXIX

Ainsi m'ont Amours abusé
Et pourmené de l'huis au pêle *.   * verrou
Je crois qu'homme n'est si rusé,
708 Fût fin comme argent de coupelle *,   * argent très
                                                       fin
Qui n'y laissât linge, drapelle *,   * vêtements
Mais qu'il fût ainsi manié *   * malmené
Comme moi, qui partout m'appelle
712 L'amant remis * et renié.   * congédié

LXX

Je renie Amours et dépite *   * méprise
Et défie à feu et à sang.   * jette la tête en
                                                       bas
Mort par elles me précipite *,   * cela leur est
                                                       bien égal
716 Et ne leur en chaut pas d'un blanc *.   * j'ai mis ma
                                                       vielle sous le
Ma vielle ai mis sous le banc * ;   banc, j'ai
Amants je ne suivrai jamais :   fermé bouti-
Se jadis je fus de leur rang *,   que
                                                       * troupe
720 Je déclare que n'en suis mais *.   * plus

LXXI

Car j'ai mis le plumail au vent *,
Or le suive qui a attente *.
De ce me tais dorénavant,
724 Poursuivre je veuil mon entente *.
Et s'aucun m'interroge ou tente *
Comment d'Amour j'ose médire,
Cette parole le contente :
728 Qui meurt, a ses lois * de tout dire.

* j'ai aban-
donné la partie
* la suive qui a
de l'espoir
* intention
* ou me sonde
pour savoir
* le droit

LXXII

Je connois approcher ma seuf * ;
Je crache blanc comme coton
Jacopins gros comme un éteuf *.
732 Qu'est-ce à dire ? Que Jeanneton
Plus ne me tient pour valeton *,
Mais pour un vieil usé roquard * :
De vieil porte voix et le ton,
736 Et ne suis qu'un jeune coquard *.

* soif
* crachats gros
comme une
balle
* petit jeune
homme
* soldat
retraité ; vieux
cheval
* béjaune,
benêt

LXXIII

Dieu merci et Tacque Thibaut
Qui tant d'eau froide m'a fait boire,
En un bas *, non pas en un haut,
740 Manger d'angoisse mainte poire *,
Enferré... Quand j'en ai mémoire,
Je pri pour lui *et reliqua*
Que Dieu lui doint, et voire, voire !
744 Ce que je pense... *et cetera.*

* dans le fond
d'une basse
fosse.
* voir p. 251

LXXIV

Toutefois, je n'y pense mal
Pour lui, et pour son lieutenant,
Aussi pour son official *   * juge ecclé-
748 Qui est plaisant et avenant ;   ciastique
Que faire n'ai du remenant *,   * reste
Mais du petit maître Robert :
Je les aime tout d'un tenant *   * en bloc
752 Ainsi que fait Dieu le Lombard.

LXXV

Si me souvient bien, à mon avis,
Que je fis à mon partement *   * départ
Certains lais *, l'an cinquante six,   * legs
756 Qu'aucuns *, sans mon consentement,   * quelques-uns
Voulurent nommer Testament ;
Leur plaisir fut, non pas le mien.
Mais quoi ? on dit communément :
760 Un chacun n'est maître du sien.

LXXVI

Pour les révoquer ne le dis,
Et y courût * toute ma terre ;   * dût y être
De pitié ne suis refroidis   engagée
764 Envers le Bâtard de la Barre :
Parmi ses trois gluyons de feurre *,   * bottes de
Je lui donne mes vieilles nattes * ;   paille
Bonnes seront pour tenir serre *   * mes vieux
768 Et soi soutenir sur ses pattes.   paillassons
                                                       * avoir bonne
                                                       prise

LXXVII

S'ainsi étoit qu'aucun n'eût pas
Reçu le lais* que je lui mande,   * legs
J'ordonne qu'après mon trépas
772 A mes hoirs* en face demande.   * héritiers
Mais qui sont-ils ? S'il le demande,
Moreau, Provins, Robin Turgis :
De moi, dites que* je leur mande,   * ce que
776 Ont eu jusqu'au lit où je gis.

LXXVIII

Somme*, plus ne dirai qu'un mot,   * Somme toute
Car commencer veuil à tester :
Devant mon clerc Fremin qui m'ot*,   * m'entend
780 S'il ne dort, je veuil protester
Que n'entends hommes détester*   * rayer du tes-
En cette présente ordonnance,   tament
Et ne la veuil manifester*   * faire connaî-
784 Sinon ou royaume de France.   tre

LXXIX

Je sens mon cœur qui s'affaiblit
Et plus je ne puis papier*.   * pépier, par-
Fremin, sieds-toi près de mon lit,   ler, balbutier
788 Que l'on ne m'y vienne épier ;
Prends encre tôt, plume et papier ;
Ce que nomme écris vitement,
Puis fais-le partout copier ;
792 Et veci* le commencement.   * voici

LXXX

Ou nom de Dieu, Père éternel
Et du fils que Vierge parit *,   * enfanta
Dieu au Père coéternel,
796 Ensemble et * le Saint Esperit   * avec
Qui sauva ce qu'Adam périt *,   * fit mourir
Et du péri pare ses cieux.
Qui bien ce croit, peu ne mérit *,   * Il n'a pas
800 Gens morts être faits petits dieux.   petit mérite
                                                         celui qui croit
                                                         fermement que
                                                         les morts sont
LXXXI   devenus de
                                                         petits dieux.

Morts étoient, et corps et âmes,
En damnée perdition,
Corps pourris et âmes en flammes,
804 De quelconque condition.
Toutefois, fais exception
Des patriarches et prophètes ;
Car, selon ma conception,
808 Onques * grand chaud n'eurent aux fesses.   * jamais

LXXXII

Qui *me diroit : « Qui te fait mettre   * Si l'on
Si très avant cette parole,
Qui n'êtes en théologie maître ?
812 A vous est présomption folle ! »,
C'est de Jésus la parabole
Touchant le Riche enseveli
En feu, non pas en couche molle,   * et de Lazare
816 Et du Ladre de dessus li *.   le lépreux au-
                                                         dessus de lui

LXXXIII

Se du Ladre eût vu le doigt ardre *,   *brûler*
Ja n'en eût requis refrigere *,   *rafraîchisse-*
N'au bout d'icelui doigt aerdre *,   *ment*
820 Pour rafraîchir sa mâchouere.   *toucher*
Pions * y feront mate chère **,   *buveurs*
Qui boivent pourpoint et chemise.   **triste figure*
Puisque boiture * y est si chère,   *la boisson*
824 Dieu nous garde de la main mise * !   *de la main*
          mise de l'Enfer

LXXXIV

Ou nom de Dieu, comme j'ai dit,
Et de sa glorieuse Mère,
Sans péché soit parfait ce dit *   *que sans*
828 Par moi, plus maigre que chimère ;   *péché soit*
Se je n'ai eu fièvre éphémère,   *achevé ce Tes-*
Ce m'a fait divine clémence,   *tament*
Mais d'autre deuil et perte amère
832 Je me tais, et ainsi commence.

LXXXV

Premier, je doue * de ma pauvre âme   *je fais don*
La glorieuse Trinité,
Et la commande * à Notre Dame,   *recommande*
836 Chambre de la divinité,
Priant toute la charité
Des dignes neuf Ordres * des Cieux   *Ordres des*
Que par eux soit ce don porté   *anges*
840 Devant le Trône précieux.

LXXXVI

Item, mon corps j'ordonne et laisse
A notre grand* mère la terre ;   * *vénérable*
Les vers n'y trouveront grand graisse,
844 Trop lui a fait faim dure guerre.
Or lui soit délivré grand erre* :   * *rapidement*
De terre vint, en terre tourne ;
Toute chose, se par trop n'erre*,   * *s'égare*
848 Volontiers en son lieu retourne.

LXXXVII

Item, et à mon plus que père,
Maître Guillaume de Villon,
Qui m'a été plus doux que mère
852 A enfant levé de maillon* :   * *qu'a quitté le maillot*
Dejeté m'a de maint bouillon*   * *tiré de mainte tempête*
Et de cetui pas ne s'éjoie*,   * *ne se réjouit*
Si lui requiers à genouillon*   * *à deux genoux*
856 Qu'il m'en laisse toute la joie ;

LXXXVIII

Je lui donne ma librairie*   * *bibliothèque*
Et le Roman du Pet au Diable
Lequel maître Guy Tabarie
860 Grossa* qui est hom véritable**.   * *grossoya, recopia*
                                                    ** *véridique*
Par cayeux* est sous une table ;   * *cahiers*
Combien qu'il soit rudement fait,
La matière est si très notable
864 Qu'elle amende tout le méfait.

LXXXIX

Item, donne à ma pauvre mère
Pour saluer notre Maîtresse,
Qui pour moi ot* douleur amère,   *eut*
868 Dieu le sait, et mainte tristesse :
Autre châtel n'ai ne fortresse
Où me retraye* corps et âme,   *Où je puisse
me retirer*
Quand sur moi court male détresse,
872 Ne ma mère, la pauvre femme !

BALLADE
POUR PRIER NOTRE DAME

Dame du ciel, régente terrienne,
Emperière des infernaux palus *,   * impératrice
Recevez-moi, votre humble chrétienne,   *des marais de*
Que comprise soie entre vos élus,   *l'Enfer*
877 Ce nonobstant qu' * onques rien ne valus.   * bien que
    Les biens de vous, ma Dame et, ma Maî-
        tresse'
    Sont trop plus grands que ne suis péche-
        resse,
    Sans lesquels biens âme ne peut mérir *   * mériter
    N'avoir les cieux. Je n'en suis jangle-
        resse * :   * menteuse
882 En cette foi je veuil vivre et mourir.

A votre Fils dites que je suis sienne ;
De lui soient mes péchés abolus * ;   * abolis
Pardonne moi * comme à l'Égyptienne   * qu'il me par-
Ou comme il fit au clerc Theophilus,   *donne*
887 Lequel par vous fut quitte et absolus *   * absous
    Combien qu'il eût au diable fait promesse.
    Préservez-moi que ne fasse jamais ce,
    Vierge portant, sans rompure * encourir,   * rupture (sans
    Le sacrement qu'on célèbre à la messe :   *perdre sa virgi-*
892 En cette foi je veuil vivre et mourir.   *nité)*

Femme je suis pauvrette et ancienne,
Qui rien ne sais ; oncques lettre ne lus.
Au moutier vois, dont suis paroissienne,
Paradis peint où sont harpes et luths,
897 Et un enfer où damnés sont boullus * :　　　* bouillis
L'un me fait peur, l'autre joie et liesse.
La joie avoir me fais, haute déesse,
A qui pécheurs doivent tous recourir,
Comblés de foi, sans feinte ne paresse :
902 En cette foi je veuil vivre et mourir.

Vous portâtes, digne Vierge, princesse,
Iésus régnant qui n'a ne fin ne cesse.
905 Le Tout-Puissant, prenant notre faiblesse,
Laissa les cieux et nous vint secourir,
Offrit à mort sa très clère jeunesse ;
Notre Seigneur tel est, tel le confesse :
909 En cette foi je veuil vivre et mourir.

XC

Item, m'amour, ma chère rose,
Ne lui laisse ne cœur ne foie :
Elle aimeroit mieux autre chose,
913 Combien qu'elle ait assez monnoie.
Quoi ? une grand bourse de soie,
Pleine d'écus, parfonde et large :
Mais pendu soit-il, que je soie *,
917 Qui lui laira * écu ne targe **.

* mais que soit
pendu, et moi
le premier
* laissera
** voir pages
251-252

XCI

Car elle en a, sans moi, assez.
Mais de cela il ne m'en chaut ;
Mes plus grands deuils en sont passés,
921 Plus n'en ai le croupion chaud.
Si m'en démets aux hoirs * Michaut
Qui fut nommé le bon Fouterre * ;
Priez pour lui, faites un saut :
925 A Saint-Satur gît, sous Sancerre.

* Je m'en
démets en
faveur des
héritiers de
* baiseur

XCII

Ce nonobstant *, pour m'acquitter
Envers Amour, plus qu'envers elle,
Car oncques n'y pus aquêter *
929 D'amours une seule étincelle
(Je ne sais s'à tous si rebelle
A été, ce m'est grand émoi :
Mais, par sainte Marie la belle !
933 Je n'y vois que rire pour moi),

* néanmoins

* obtenir

XCIII

Cette ballade lui envoie
Qui se termine tout par R.
Qui lui portera ? Que je voie...
937 Ce sera Pernet de la Barre,
Pourvu, s'il rencontre en son erre *   * ronde
Ma demoiselle au nez tortu *,   * tordu
Il lui dira, sans plus enquerre * :   * s'informer
941 « Triste paillarde, dont * viens tu ? »   * d'où

BALLADE À S'AMIE

Fausse beauté qui tant me coûte cher,
Rude en effet, hypocrite douleur,
Amour dure plus que fer à mâcher,
945 Nommer que puis, de ma défaçon seur *,
Cherme félon, la mort d'un pauvre cœur,
Orgueil mussé * qui gens met au mourir,
Yeux sans pitié, ne veut Droit de Rigueur,
949 Sans empirer, un pauvre secourir * ?

Mieux m'eût valu avoir été sercher *
Ailleurs secours, c'eût été mon honneur ;
Rien ne m'eût su hors de ce fait hâcher *
953 Trotter m'en faut en fuite et déshonneur.
Haro, haro *, le grand et le mineur !
Et qu'est-ce ci ? Mourrai sans coup férir ?
Ou Pitié veut, selon cette teneur *,
957 Sans empirer, un pauvre secourir ?

Un temps viendra qui fera dessécher
Jaunir, flétrir votre épanie * fleur ;
Je m'en risse, se tant pusse mâcher *,
961 Las ! mais nenni, ce seroit donc foleur * :

marginal notes:
* sûr de ma destruction

* caché

* est-ce que Droit, loin de l'accabler, ne veut pas contre Rigueur secourir un pauvre diable ?
* chercher
* appâter
* à l'aide

* selon ce contenu

* épanouie
* j'en rirais, si je pouvais alors remuer la mâchoire autant qu'aujourd'hui
* folie

Vieil je serai, vous laide, sans couleur ;
Or buvez fort, tant que ru peut courir * ;   * *tant que*
Ne donnez pas à tous cette douleur,   *court le ruis-*
965 Sans empirer, un pauvre secourir.   *seau*

Prince [amoureux], des amants le grai-
    gneur *,   * *le plus grand*
Votre mal gré ne voudroie encourir,
Mais tout franc * cœur doit, par Notre   * *noble*
    Seigneur,
969 Sans empirer, un pauvre secourir.

XCIV

Item, à maître Ythier Marchant,
Auquel mon brant * laissai jadis,   * *épée*
Donne, mais qu'il le mette en chant,
973 Ce lai contenant des vers dix,
Et, au luth, un *De profundis*
Pour ses anciennes amours
Desquelles le nom je ne dis,
977 Car il me hairoit * à tous jours.   * *haïrait*

RONDEAU

Mort, j'appelle de ta rigueur,
Qui m'as ma maîtresse ravie,
980 Et n'es pas encore assouvie
Se tu ne me tiens en langueur :

Onc puis n'eus force ne vigueur ;
Mais que te nuisoit-elle en vie,
984   Mort ?

Deux étions et n'avions qu'un cœur ;
S'il * est mort, force est que dévie **,
Voire, ou que je vive sans vie
Comme les images, par cœur *,
989   Mort !

* soit le cœur,
soit la maî-
tresse
** je trépasse
* par la
mémoire (ou
en apparence)

XCV

Item, à maître Jean Cornu
Autre nouveau lais lui veuil faire,
Car il m'a toujours secouru
993 A mon grand besoin et affaire :
Pour ce, le jardin lui transfère
Que maître Pierre Baubignon
M'arenta * en faisant refaire   * *bailla à*
997 L'huis et redresser le pignon.   *rente, lou.*

XCVI

Par faute d'un huis *, j'y perdis   * *porte*
Un grès * et un manche de houe.   * *grosse pierre*
Alors huit faucons, non pas dix
1001 N'y eussent pas pris une aloue *.   * *alouette*
L'hôtel est sûr, mais qu'on le cloue *. * *pourvu
Pour enseigne y mis un havet * ;   qu'on le fasse
Et qui l'ait pris, point ne m'en loue * clore*
1005 Sanglante nuit et bas chevet !   * *crochet*
                                        * *Et quel que
                                        soit le voleur,
                                        que J. Cornu
                                        ne me loue
                                        point du legs...*

XCVII

Item, et pour ce que la femme
De maître Pierre Saint-Amant
(Combien *, se coulpe ** y a à l'âme,   * *cependant*
1009 Dieu lui pardonne doucement !)   ** *faute*
Me mit ou rang de caïmant *,   * *mendiant*
Pour *le Cheval Blanc* qui ne bouge
Lui changeai à * une jument,   * *contre*
1013 Et *la Mule* à un âne rouge.

XCVIII

Item, donne à sire Denis
Hesselin, élu de Paris,
Quatorze muids de vin d'Aunis
1017 Pris sur Turgis à mes périls *.
S'il en buvoit tant que péris
En fût son sens et sa raison,
Qu'on mette de l'eau ès barils :
1021 Vin perd mainte bonne maison.

* *à mes risques et périls*

XCIX

Item, donne à mon avocat,
Maître Guillaume Charruau,
Quoi ? Que Marchant ot pour état *,
1025 Mon brant ; je me tais du fourreau.
Il aura, avec ce, un reau *
En change *, afin que sa bourse enfle,
Pris sur la chaussée et carreau *
1029 De la grand clôture du Temple.

* *Ce que Marchant eut pour s'établir*
* *voir page 252*
* *en échange, en petite monnaie*
* *pavement*

C

Item, mon procureur Fournier
Aura pour toutes ses corvées
(Simple sera de l'épargner)
1033 En ma bourse quatre havées *,
Car maintes causes m'a sauvées,
Justes, ainsi Jésus-Christ m'aide !
Comme telles se sont trouvées ;
1037 Mais bon droit a bon métier d'aide.

* *poignées (ou salut en latin : ave)*

CI

Item, je donne à maître Jacques
Raguier *le Grand Godet* de Grève,
Pourvu qu'il paiera quatre plaques *
1041 (Dût-il vendre, quoi qu'il lui grève *,
Ce dont on couvre mol et grève *,
Aller nues jambes en chapin *),
Se sans moi boit, assied ne lève *,
1045 Au trou de *la Pomme de Pin*.

* petites pièces
de monnuie
(voir page
251)
* quoi qu'il lui
en coûte
* mollet et
devant de la
jambe
* escarpin
* s'il boit sans
moi, assis ou
debout.

CII

Item, quant est de Merebeuf
Et de Nicolas de Louviers,
Vache ne leur donne ne bœuf,
1049 Car vachers ne sont ne bouviers,
Mais chiens à porter éperviers,
(Ne cuidez pas que je me joue)
Et pour prendre perdrix, plouviers *,
1053 Sans faillir *, sur la Machecoue.

* pluviers
* sans man-
quer

CIII

Item, vienne Robin Turgis
A moi, je lui paierai son vin ;
Combien *, s'il trouve mon logis,
1057 Plus fort fera que le devin.
Le droit lui donne d'échevin,
Que j'ai comme enfant de Paris :
Se je parle un peu poitevin,
1061 Ice * m'ont deux dames appris.

* cependant

* cela

CIV

Elles sont très belles et gentes,
Demeurant à Saint-Génerou,
Près Saint-Julien-de-Voventes,
1064 Marche de Bretagne à Poitou.
Mais i ne di* proprement ou   * je ne dis
Iquelles* passent tous les jours ;   * celles-ci
M'arme ! i ne seu* mie si fou,   * par mon
1069 Car i* veuil celer mes amours.   âme ! je ne suis
                                      * je

CV

Item, à Jean Raguier je donne,
Qui est sergent, voire des Douze,
Tant qu'il vivra, ainsi l'ordonne,
1073 Tous les jours une tallemouse*,   * tarte au fro-
Pour bouter et fourrer sa mouse*,   mage et souf-
Prise à la table de Bailly ;   flet
A Maubué* sa gorge arrouse,   * son museau
1077 Car au manger n'a pas failli.   * à la fontaine
                                      Maubué

CVI

Item, et au Prince des Sots
Pour un bon sot Michaut du Four,
Qui à la fois dit de bons mots   * en forme
1081 Et chante bien « Ma douce amour ! » * un vrai sot
Je lui donne avec le bonjour ;   bien stupide
Bref, mais qu'il fût un peu en point*, * ou peut être
Il est un droit sot de sejour*,   soit la
1085 Et est plaisant ou* il n'est point. conjonction,
                                      soit l'adverbe
                                      relatif

CVII

Item, aux Onze-Vingts Sergents
Donne, car leur fait est honnête
Et sont bonnes et douces gens,
1089 Denis Richer et Jean Vallette,
A chacun une grand cornette *...   * bande de
Pour pendre... à leurs chapeaux de fautres * ;   velours, corde
J'entends à ceux à pied, hohette * !   (pour pendre)
1093 Car je n'ai que faire des autres.   * feutre
* Ah ! oui,
certes

CVIII

Derechef, donne à Perrenet...
J'entends le Bâtard de la Barre,
Pour ce qu'il est beau fils et net *,   * propre
1097 En son écu *, en lieu de barre,   * de ses armoi-
Trois dés plombés, de bonne carre *,   ries
Et un beau joli jeu de cartes.   * de bonne
Mais quoi ? s'on l'ot vessir ne poirre *,   taille
1101 En outre aura les fièvres quartes.   * si on l'entend
vessir ou péter

CIX

Item, ne veuil plus que Cholet
Dole, tranche, douve ne boise *,   * travaille le
Relie * broc ne tonnelet,   bois (et
1105 Mais tous ses outils changer voise *   trompe)
A une épée lyonnoise,   * assemble
Et retienne le hutinet * :   * qu'il aille
Combien qu'il n'aime bruit ne noise *,   * maillet ; bruit
1109 Si lui plaît-il un tantinet.   * tapage

CX

Item, je donne à Jean le Loup,
Homme de bien et bon marchand,
Pour ce qu'il est linget et flou *,   ** mince et fluet*
1113 Et que Cholet est mal serchant *   ** cherche mal*
Par les rues plutôt qu'au champ
Qu'il ne laira poulaille en voie *,   ** en sorte qu'il*
Le long tabart * et bien cachant   *ne laissera pas*
                                                        de volaille sur
1117 Pour les musser *, qu'on ne les voie.   *son chemin*
                                                        * manteau
                                                        * dissimuler

CXI

Item, à *l'Orfèvre de bois*
Donne cent clous, queues et têtes,
De gingembre * sarrasinois,   ** aphrodisia-*
                                                        que
1121 Non pas pour accoupler * ses boetes,   ** parfaire,*
Mais pour joindre culs et quoettes *,   *compléter*
                                                        * queues
Et coudre jambons et andouilles,
Tant que le lait en monte aux tettes *   ** tétins*
1125 Et le sang en dévale aux couilles.

CXII

Au capitaine * Jean Riou,   ** des six-vingts*
                                                        archers de
Tant pour lui que pour ses archers,   *Paris*
Je donne six hures de loup
1129 Qui n'est pas viande * de porchers,   ** nourriture*
Pris à * gros mâtins de bouchers,   ** avec*
Et cuites en vin de buffet *.   ** piquette*
Pour manger de ces morceaux chers,   ** on commet-*
1133 On en feroit bien un malfait *.   *trait un méfait*

CXIII

C'est viande un peu plus pesante
Que duvet n'est, plume ne liège ;
Elle est bonne à porter en tente *,
1137 Ou pour user en quelque siège.
S'ils étaient pris à un piège,
Que ces mâtins ne sussent courre *,
J'ordonne, moi qui suis son miège *,
1141 Que des peaux, sur l'hiver, se fourre *.

sous la tente, en campagne

chasser à courre
médecin
il se fasse un vêtement fourré (ou de fourrure)

CXIV

Item, à Robinet Trouscaille,
Qui en service (c'est bien fait)
A pied ne va comme une caille,
1145 Mais sur roncin gros et refait *,
Je lui donne, de mon buffet *,
Une jatte qu'emprunter n'ose ;
Si aura ménage parfait :
1149 Plus ne lui failloit autre chose.

replet

de ma vaisselle

CXV

Item, donne à Perrot Girart,
Barbier juré de Bourg-la-Reine,
Deux bassins et un coquemart *,
1153 Puisqu'à gagner met telle peine.
Des ans y a demi-douzaine
Qu'en son hôtel de cochons gras
M'apâtela * une semaine,
1157 Témoin l'abbesse de Pourras.

pot marmite pour faire bouillir de l'eau

me nourrit

CXVI

Item, aux Frères mendiants,
Aux Dévotes et aux Béguines,
Tant de Paris que d'Orléans,
1161 Tant Turlupins que Turlupines *,   * *hérétiques*
De grasses soupes jacopines *   * *voir page 252*
Et flans leur fais oblation ;
Et puis après, sous les courtines *,   * *rideaux de lit*
1165 Parler de contemplation.

CXVII

Ce ne suis-je pas qui leur donne *,   * *ce n'est pas*
Mais de tous enfants sont les mères,   *moi qui leur*
Et Dieu, qui ainsi les guerdonne *,   *donne*
1169 Pour qui souffrent peines amères.   * *récompense*
Il faut qu'ils vivent, les beaux pères,
Et mêmement * ceux de Paris.   * *surtout*
S'ils font plaisir à nos commères,
1173 Ils aiment ainsi leurs maris.

CXVIII

Quoi que maître Jean de Poullieu
En vousît * dire *et reliqua,*   * *voulût*
Contraint et en publique lieu,
1177 Honteusement s'en révoqua *.   * *se rétracta*
Maître Jean de Meun s'en moqua
De leur façon ; si fit Mathieu * ;   * *Matheolus*
Mais on doit honorer ce qu'a
1181 Honoré l'Église de Dieu.

CXIX

Si me soumets, leur serviteur
En tout ce que puis faire et dire,
A les honorer de bon cœur
1185 Et obéir, sans contredire ;
L'homme bien fol est d'en médire,
Car, soit à part * ou en prêcher   * en privé
Ou ailleurs, il ne faut pas dire :
1189 Ces gens sont pour eux revancher *.   * Ces gens sont
                                            capables de se
                                            venger

CXX

Item, je donne à frère Baude,
Demeurant en l'hôtel des Carmes,
Portant chère hardie et baude *,   * visage fier et
1193 Une salade et deux guisarmes *,   allègre
Que Detusca et ses gendarmes   * un casque et
                                            deux halle-
Ne lui riblent * sa *Cage vert*.   bardes (à deux
Vieil est : s'il ne se rend aux armes,   tranchants)
1197 C'est bien le diable de Vauvert.   * pillent, enlè-
                                            vent

CXXI

Item, pour ce que le scelleur
Maint étron de mouche * a mâché,   * maint mor-
Donne, car homme est de valeur,   ceau de cire
1201 Son sceau d'avantage craché *,   * imbibé
Et qu'il ait le pouce écaché * 1   d'avance de
                                            salive
Pour tout empreindre à une voie * ;   * aplati, écrasé
J'entends celui de l'Évêché,   * pour faire
1205 Car les autres, Dieu les pourvoie !   toute
                                            l'empreinte en
                                            une fois

1. ou *estachié*.

CXXII

Quant des * auditeurs ** messeigneurs,
Leur granche ils auront lambroissée * ;
Et ceux qui ont les culs rogneux *,
1209 Chacun une chaize percée,
Mais qu'à la petite Macée
D'Orléans, qui ot ma ceinture,
L'amende soit bien haut tauxée * ;
1213 Elle est une mauvaise ordure.

* *Quant aux*
** *officiers
judiciaires de
la Cour des
comptes*
* *lambrissée*
* *galeux (ou
hémorroïdes)*

* *taxée*

CXXIII

Item, donne à maître François,
Promoteur *, de la Vacquerie
Un haut gorgerin * d'Écossois,
1217 Toutefois sans orfaverie * ;
Car, quand reçut chevalerie,
Il maugréa * Dieu et saint George,
Parler n'en oit qui ne s'en rie *,
1221 Comme enragé, à pleine gorge.

* *officier judi-
ciaire chargé
d'instruire les
procès en cour
d'Église*
* *pièce qui
protège la
gorge*
* *orfèvrerie*
* *blasphéma*
* *personne
n'en entend
parler sans en
rire*

CXXIV

Item, à maître Jean Laurens,
Qui a les pauvres yeux si rouges
Pour le péché de ses parents
1225 Qui burent en barils et courges *,
Je donne l'envers de mes bouges *
Pour tous les matins les torcher :
S'il fût archevêque de Bourges,
1229 De cendal eût *, mais il est cher.

* *gourdes*
* *sacs de
voyage*

* *il aurait eu
de la soie*

CXXV

Item, à maître Jean Cotart,
Mon procureur en cour * d'Église,   * *tribunal*
Devoie environ un patart *   * *petite pièce*
1233 (Car à présent bien m'en avise)   *de monnaie*
Quand chicaner * me fit Denise,   * *poursuivre*
Disant que l'avoie maudite ;   *en justice*
Pour son âme, qu'ès cieux soit mise,
1237 Cette oraison j'ai ci écrite.

BALLADE ET ORAISON

Père Noé, qui plantâtes la vigne,
Vous aussi, Loth, qui bûtes ou rocher,
Par tel parti* qu'Amour qui gens en-
   gigne**   * manière
1241 De vos filles si vous fit approcher   ** attrape,
(Pas ne le dis pour le vous reprocher),   embobeline
Archetriclin, qui bien sûtes cet art*,   * l'art de boire
Tous trois vous pri que vous veuillez prê-
   cher
1245 L'âme du bon feu maître Jean Cotart !

Jadis extrait il fut de votre ligne*,   * lignée
Lui qui buvoit du meilleur et plus cher,
Et ne dût-il avoir vaillant un pigne* ;   * la valeur
1249 Certes, sur tous, c'étoit un bon archer* :   d'un peigne
On ne lui sut pot des mains arracher ;   * archer et
De bien boire oncques ne fut fêtart*.   buveur
Nobles seigneurs, ne souffrez empêcher   * paresseux
1253 L'âme du bon feu maître Jean Cotart !

Comme homme vieil qui chancelle et tré-
   pigne,
L'ai vu souvent, quand il s'alloit coucher,
Et une fois il se fit une bigne*,   * bosse
1257 Bien m'en souvient, pour la pie juchier* ;   * pour avoir
                                                  trop bu

Bref, on n'eût su en ce monde cercher
Meilleur pïon*, pour boire tôt ou tard.   ** fantassin,*
Faites entrer quand vous orrez hucher*   *buveur*
                                            * vous enten-
1261 L'âme du bon feu maître Jean Cotart!   *drez appeler*

Prince, il n'eût su jusqu'à terre cracher;
Toujours   crioit: « Haro!   la   gorge
   m'ard*. »   ** me brûle*
Et si ne sût onc sa seuf* étancher   ** soif*
1265 L'âme du bon feu maître Jean Cotart.

CXXVI

Item, veuil que le jeune Marle
Désormais gouverne mon change *,   * banque
Car de changer envis * me mêle,   * malgré moi
1269 Pourvu que toujours baille en change *,   * échange
Soit à privé, soit à étrange *,   * soit à un ami soit à un étranger
Pour trois écus six brettes targes *,   * boucliers bretons
Pour deux angelots un grand ange * ;   * voir page 251
1273 Car amants doivent être larges.

CXXVII

Item, et j'ai su, ce voyage *,   * pendant ce voyage
Que mes trois pauvres orphelins
Sont crûs et deviennent en âge *,   * ont grandi et prennent de l'âge
1277 Et n'ont pas têtes de belins *,   * moutons
Et qu'enfants d'ici à Salins
N'a mieux sachant leur tour d'école * ;   * leçon
Or, par l'ordre des Mathelins *,   * Mathurins (moines) ou fous
1281 Telle jeunesse n'est pas folle.

CXXVIII

Si veuil qu'ils voisent * à l'étude ;   * aillent
Où ? sur * maître Pierre Richer.   * chez
Le *Donat* est pour eux trop rude :
1285 Je ne les y veuil empêcher *.   * empêtrer
Ils sauront, je l'aime plus cher *,   * je le préfère
Ave salus, tibi decus *,   * voir page 251
Sans plus grands lettres ensercher :
1289 Toujours n'ont pas clercs l'audessus *.   * le dessus

CXXIX

Ceci étudient, et ho *!   * *qu'ils étu-*
Plus procéder * je leur défends.   *dient ceci, et*
Quant d'entendre le grand *Credo,*   *hop !*
1293 Trop forte elle est * pour tels enfants.   * *d'aller plus*
Mon long tabart en long je fends ;   *loin*
Si veuil que la moitié s'en vende   * *c'est trop fort*
Pour eux en acheter des flans *,   * *voir page 251*
1297 Car jeunesse est un peu friande.

CXXX

Et veuil qu'ils soient informés
En mœurs *, quoi que coûte bature ;   * *formés aux*
Chaperons auront enformés *   *bonnes mœurs*
1301 Et les pouces sur la ceinture,   * *enfoncés*
Humbles à toute créature,
Disant : « Han ? Quoi ? Il n'en est rien ! »
Si diront gens, par aventure :
1305 « Veci enfants de lieu de bien * ! »   * *voici des*
                                            enfants d'un
                                            bon milieu

CXXXI

Item, à mes pauvres clergeons
Auxquels mes titres résignai,
Beaux enfants et droits comme joncs
1309 Les voyant, m'en dessaisinai * ;   * *dessaisis*
Cens recevoir leur assignai,
Sûr comme qui l'auroit en paume *,   * *assurés*
A un certain jour consigné   *comme si on*
1313 Sur l'hôtel de Gueuldry Guillaume.   *l'avait en*
                                            mains

CXXXII

Quoique jeunes et ébattant *
Soient, en rien ne me déplaît :
Dedans trente ans ou quarante ans
1317 Bien autres seront, se Dieu plaît.
Il fait mal qui ne leur complaît ;
Ils sont très beaux enfants et gents * ;
Et qui les bat ne * fiert, fol est,
1321 Car enfants si deviennent gens *.

s'amusent bien

gentils, agréables
ou
hommes

CXXXIII

Les bourses des Dix [et] Huit Clercs
Auront ; je m'en veuil travailler * :
Pas ils ne dorment comme loirs
1325 Qui trois mois sont sans réveiller.
Au fort *, triste est le sommeiller
Qui fait aiser * jeune en jeunesse,
Tant qu'en fin lui faille veiller
1329 Quand reposer dût * en vieillesse.

m'y consacrer

Somme toute
prendre du bon temps

devrait

CXXXIV

Si en récris au collateur *
Lettres semblables et pareilles :
Or * prient pour leur bienfaiteur
1333 Ou qu'on leur tire les oreilles.
Aucunes gens ont grands merveilles *
Que tant m'encline * vers ces deux ;
Mais, foi que dois fêtes et veilles *,
1337 Onques ne vis les mères d'eux !

prélat qui confère un bénéfice
maintenant qu'ils prient

certains s'étonnent fort
que je me penche
vigiles

CXXXV

Item, donne à Michaut Cul d'Oue
Et à sire Charlot Taranne
Cent sous (s'ils demandent : « Pris où ? »
1341 Ne leur chaille : ils vendront de manne *)
Et une houses * de basane,
Autant empeigne * que semelle,
Pourvu qu'ils me salueront Jeanne,
1345 Et autant une autre comme elle

* Que cela ne les préoccupe pas : ils tomberont du ciel comme la manne
* une paire de bottes
* dessus

CXXXVI

Item, au seigneur de Grigny
Auquel jadis laissai Vicêtre *,
Je donne la tour de Billy,
1349 Pourvu, s'huis y a ne * fenêtre
Qui soit ne debout ne en être *,
Qu'il mette très bien tout à point.
Fasse argent à dêtre et senêtre * :
1353 Il m'en faut *, et il n'en a point.

* Bicêtre

* ou
* qui soit encore debout ou en état
* à droite et à gauche
* il m'en manque

CXXXVII

Item, à Thibaud de la Garde...
Thibaud ? Je mens, il a nom Jean.
Que lui donrai-je, que ne perde ?
1357 (Assez j'ai perdu tout cet an ;
Dieu y veuille pourvoir, *amen !*)
Le Barillet, par m'âme, voire !
Genevois est plus ancien
1361 Et plus beau nez a pour y boire.

CXXXVIII

Item, je donne à Basanier
Notaire et greffier criminel,
De girofle plein un panier
1365 Pris sur maître Jean de Ruel,
Tant à Mautaint, tant à Rosnel,
Et, avec ce don de girofle,
Servir de cœur gent et isnel *
1369 Le seigneur qui sert saint Christofle *,

* empressé,
diligent
* Robert
d'Estouteville,
le seigneur qui
sert saint
Christophe

CXXXIX

Auquel cette ballade donne
Pour sa dame qui tous bien a.
S'Amour ainsi tous ne guerdonne *,
1373 Je ne m'ébahis de cela,
Car au Pas * conquêter l'alla
Que tint Regnier, roi de Secile *,
Où si bien fit et peu parla
1377 Qu'oncques Hector fit ne Troïle.

* récompense

* Pas d'armes,
tournoi
* René, roi de
Sicile

BALLADE
POUR ROBERT D'ESTOUTEVILLE

Au point du jour, que l'éprevier s'ébat *,　* agite ses ailes
Mû de plaisir et par noble coutume,
Bruit la mauvis * et de joie s'ébat **,　* ou variété de
1381 Reçoit son pair et se joint à sa plume *,　merle, ou sorte
Offrir vous veuil, à ce Désir m'allume *,　de grive
Ioyeusement ce qu'aux amants bon semble.　** manifeste sa
Sachez qu'Amour l'écrit en son volume,　joie
1385 Et c'est la fin pour quoi sommes ensemble.　* accueille son
　partenaire et
　s'accouple
　* Désir m'y
　pousse

Dame serez de mon cœur, sans débat,
Entièrement, jusque mort me consume,
Laurier souef * qui pour mon droit combat,　* doux
1389 Olivier franc * m'ôtant toute amertume.　* noble
Raison ne veut que je désaccoutume,
(Et en ce veuil avec elle m'assemble *),　* et, en cette
De vous servir, mais que m'y accoutume ;　volonté je
1393 Et c'est la fin pour quoi sommes ensemble.　m'accorde
　avec elle

Et qui plus est, quand deuil sur moi
　s'embat *,　* s'abat
Par Fortune qui souvent si se fume *,　* fâche
Votre doux œil sa malice rabat,
1397 Ne mais ne mains * que le vent fait la　* ni plus ni
　fume **.　moins
　** fumée

Si ne perds pas la graine que je sume *   * sème
En votre champ quand le fruit me res-
    semble.
Dieu m'ordonne que le fouïsse et fume ;
1401 Et c'est la fin pour quoi sommes ensemble.

Princesse, oyez ce que ci vous résume :
Que le mien cœur du vôtre désassemble *   * se sépare
Ja ne sera : tant de vous en présume ;
1405 Et c'est la fin pour quoi sommes ensemble.

CXL

Item, à sire Jean Perdrier
Rien, n'à François, son second frère.
Si * m'ont voulu toujours aidier   * *Pourtant*
1409 Et de leurs biens faire confrère ;
Combien que * François mon compère   * *bien que*
Langues cuisants, flambants et rouges,
Mi-commandement, mi-prière,
1413 Me recommanda fort à Bourges.

CXLI

Si allai voir en Taillevent,
Ou chapitre de fricassure,
Tout au long, derrière et devant,
1417 Lequel n'en parle jus ne sure *.   * *ni en bas ni*
                                                    en haut
Mais Macquaire, je vous assure,
A tout * le poil cuisant un diable,   * *avec*
Afin qu'il sentît bon l'arsure *,   * *le brûlé*
1421 Ce recipe * m'écrit, sans fable.   * *cette recette*

BALLADE

En riagal *, en arsenic rocher,   * sulfure rouge
En orpiment *, en salpêtre et chaux vive,   d'arsenic
En plomb bouillant pour mieux les émor-   * sulfure jaune
    cher *,   d'arsenic
En suif et poix détrempés de lessive   * étouffer
1426 Faite d'étrons et de pissat de juive,
En lavailles de jambes à meseaux *,   * lépreux
En raclure de pieds et vieux houseaux *,   * bottes
En sang d'aspic et drogues venimeuses,
En fiel de loups, de renards et blaireaux,
1431 Soient frites ces langues ennuyeuses !

En cervelle de chat qui hait pêcher *,   * qui a horreur
Noir et si vieil qu'il n'ait dent en gencive,   de l'eau
D'un vieil mâtin qui vaut bien aussi cher,
Tout enragé, en sa bave et salive,
1436 En l'écume d'une mule poussive
Détranchée menue à bons ciseaux,
En eau où rats plongent groins et museaux,
Raines *, crapauds et bêtes dangereuses,   * grenouilles
Serpents, lézards et tels nobles oiseaux,
1441 Soient frites ces langues ennuyeuses !

En sublimé * dangereux à toucher,
Et ou nombril d'une couleuvre vive,
En sang qu'on voit ès palettes * sécher
Sur * les barbiers quand pleine lune arrive,
1446 Dont l'un est noir, l'autre plus vert que
  cive *,
En chancre et fic *, et en ces claires eaues
Où nourrices essangent leurs drapeaux *,
En petits bains de filles amoureuses *
(Qui ne m'entend n'a suivi * les bordeaux)
1451 Soient frites ces langues ennuyeuses !

Prince, passez tous ces friands morceaux,
S'étamine, sac n'avez ou bluteaux *,
Parmi le fond d'unes braies breneuses * ;
Mais, par avant, en étrons de pourceaux
1456 Soient frites ces langues ennuyeuses !

* bichlorure de mercure

* écuelles pour les saignées
* chez

* ciboulette

* tumeur

* lavent leurs langes
* courtisanes
* fréquenté

* tissu pour filtrer, sac ou tamis
* pantalon foireux

CXLII

Item, à maître Andry Couraud
Les Contredits Franc Gontier mande ;
Quant du tyran séant en haut,
1460 A cetui-là rien ne demande.
Le Saige[1] ne veut que contende
Contre puissant pauvre homme las *,
Afin que ses filés * ne tende
1464 Et qu'il * ne trébuche en ses lacs.

* qu'un pauvre homme fatigué entre en lutte contre un puissant
* filets de chasseur
* le pauvre

CXLIII

Gontier ne crains : il n'a nuls hommes *
Et mieux que moi n'est hérité *,
Mais en ce débat-ci nous sommes,
1468 Car il loue sa pauvreté,
Être pauvre hiver et été,
Et à félicité répute *
Ce que tiens à malheureté.
1472 Lequel a tort ? Or en dispute *.

* vassaux
* n'est pas mieux pourvu d'héritage que moi
* et appelle félicité
* Maintenant j'en dispute

---

1. Ecclésiastique, VIII, I : « Non litiges cum homine potente, ne forte incidas in manus illius. »

LES CONTREDITS
DE FRANC GONTIER

BALLADE

Sur mol duvet assis, un gras chanoine,
Lez un brasier, en chambre bien nattée *,   * garnie de
A son côté gisant dame Sidoine   nattes
Blanche, tendre, polie et attintée *,   * attifée
1477 Boire hypocras, à jour et à nuitée,
Rire, jouer, mignonner * et baiser,   * se faire des
Et nu à nu, pour mieux des corps s'aiser *,   chatteries
Les vis tous deux, par un trou de mortaise :   * pour être
Lors je connus que, pour deuil apaiser,   plus à l'aise
1482 Il n'est trésor que de vivre à son aise.

Se Franc Gontier et sa compagne Hélène   * aux oignons
Eussent cette douce vie hantée,   et ciboulettes
D'oignons, civots, qui causent forte haleine   qui donnent
N'acontassent une bise tostée *.   forte haleine,
1487 Tout leur maton *, ne toute leur potée,   ils n'auraient
Ne prise un ail, je le dis sans noiser *.   pas accordé la
S'ils se vantent coucher sous le rosier,   moindre
Lequel vaut mieux ? Lit côtoyé de chaise * ?   valeur
Qu'en dites-vous ? Faut-il à ce muser * ?   * lait caillé
1492 Il n'est trésor que de vivre à son aise.   * sans cher-
                                                 cher querelle
                                                 * avec une
                                                 chaise à côté
                                                 * perdre son
                                                 temps

De gros pain bis vivent d'orge et d'avoine,
Et boivent eaue tout au long de l'année.
Tous les oiseaux d'ici en Babyloine
A tel école une seule journée
1497 Ne me tendroient *, non une matinée.   * ne me retien-
Or s'ébatte, de par Dieu, Franc Gontier,   draient
Hélène o * lui, sous le bel églantier :   * avec
Se bien leur est, cause n'ai qu'il me pèse * ;   * je n'ai pas de
Mais quoi qu'il soit du laboureux métier,   raison d'en
                                                          être affecté
1502 Il n'est trésor que de vivre à son aise.

Prince, juge, pour tôt nous accorder.
Quant est de moi, mais qu*'à nul ne   * pourvu que
     déplaise,
Petit enfant, j'ai oï * recorder :   * entendu rap-
1506 Il n'est trésor que de vivre à son aise.   peler

CXLIV

Item, pour ce que sait sa Bible
Ma demoiselle de Bruyères,
Done prêcher hors l'Évangile
1510 A elle et à ses bachelièrcs*,
Pour retraire ces villotières*
Qui ont le bec si affilé,
Mais que ce soit hors cimetières,
1514 Trop bien au marché au filé*.

* jeunes filles,
élèves
* retirer du
péché ces
dévergondées
* non pas dans
les cimetières,
mais fort bien
au marché des
lingères

BALLADE DES FEMMES DE PARIS

Quoiqu'on tient belles langagères *
Florentines, Vénitiennes,
Assez pour être messagères,
1518 Et mêmement les anciennes ;
Mais soient Lombardes, Romaines,
Genevoises *, à mes périls **,
Pimontoises, Savoisiennes,
1522 Il n'est bon bec que de Paris.

discoureuses

Génoises
*** j'y mettrais ma tête à couper*

De beau parler tiennent chaïères *,
Ce dit-on, les Napolitaines,
Et sont très bonnes caquetières
1526 Allemandes et Prussiennes ;
Soient Grecques, Égyptiennes,
De Hongrie ou d'autres pays,
Espagnoles ou Catelennes *,
1530 Il n'est bon bec que de Paris.

chaires

Catalanes

Brettes *, Suisses n'y savent guères,
Gasconnes, n'aussi Toulousaines :
De Petit Pont deux harengères
1534 Les concluront *, et les Lorraines,

Bretonnes

leur fermeront la bouche

Angloises et Calaisiennes,
(Ai-je beaucoup de lieux compris ?)
Picardes de Valenciennes ;
1538 Il n'est bon bec que de Paris.

Prince, aux dames Parisiennes
De bien parler donnez le prix ;
Quoi que l'on die d'Italiennes,
1542 Il n'est bon bec que de Paris.

CXLV

Regarde m'en deux, trois, assises
Sur le bas du pli de leurs robes,
En ces moutiers, en ces églises ;
1546 Tire-toi près, et ne te hobes * ;   * ne bouge pas
Tu trouveras là que Macrobes
Oncques ne fit tels jugements.
Entends ; quelque chose en dérobes :
1550 Ce sont de beaux enseignements.

CXLVI

Item, et au mont de Montmartre,
Qui est un lieu mout ancïen,
Je lui donne et adjoins le tertre
1554 Qu'on dit de mont Valérien ;
Et, outre, plus d'un quartier d'an *   * un trimestre
Du pardon * qu'apportai de Rome :   * de l'indul-
Si ira maint bon chrétïen   gence
1558 En l'abbaye où il n'entre homme.

CXLVII

Item, valets et chamberières *   * femmes de
De bons hôtels (rien ne me nuit *)   chambre
Faisant tartes, flans et goyères *,   * cela ne me
                                                gêne en rien
1562 Et grands rallias * à minuit :   * gougères,
(Rien n'y font sept pintes ne huit),   tourtes au fro-
Tant que * gisent seigneur et dame,   mage
Puis après, sans mener grand bruit,   * festins
1566 Je leur ramentois * le jeu d'âne.   * pendant que
                                                * rappelle le
                                                jeu de l'amour

CXLVIII

Item, et à filles de bien,
Qui ont pères, mères et antes *,   * tantes
Par m'âme ! je ne donne rien,
1570 Car tout ont eu valets, servantes.
Si fussent-ils de peu contentes * :   * Pourtant
Grand bien leur fissent maints lopins *, elles se conten-
                                          teraient de peu
Aux pauvres filles, entrementes *   * feraient
1574 Qu'ils * se perdent aux Jacopins,   maints mor-
                                          ceaux
                                          * tandis que
                                          * les lopins ou
                                          les pauvres
CXLIX   filles

Aux Célestins et aux Chartreux ;
Quoique vic mènent étroite,
Si * ont-ils largement entre eux   * néanmoins
1578 Dont pauvres filles ont soufraite * ; * sont privées
Témoin Jacqueline et Perrette
Et Isabeau qui dit : « Enné * ! »,   * certes
Puisqu'ils * en ont telle disette,   * elles
1582 A peine seroit-on damné.

CL

Item, à la grosse Margot
Très douce face et pourtraiture *,   * portrait
Foi que dois *brulare bigot* *,   * by'r Lord,
                                          by God, sacre-
1586 Assez dévote créature ;   bleu
Je l'aime de propre nature,
Et elle moi, la douce sade *.   * avenante,
Qui * la trouvera d'aventure,   aimable,
                                          savoureuse
1590 Qu'on lui lise cette ballade.   * Si on

BALLADE
DE LA GROSSE MARGOT

Se j'aime et sers la belle de bon hait *,   * de bon cœur
M'en devez-vous tenir ne vil ne sot ?
Elle a en soi des biens à fin souhait.
Pour son amour ceins bouclier et passot * ;   * dague
1595 Quand viennent gens, je cours et happe un
     pot,
Au vin m'en vois *, sans démener grand   * vais
     bruit ;
Je leur tends eau, fromage, pain et fruit.
S'ils payent bien, je leur dis que « *bien
     stat** * ;   * que ça va
Retournez ci, quand vous serez en ruit *,   * rut
1600 En ce bordeau où tenons notre état. »

Mais adoncques il y a grand déhait *   * déplaisir
Quand sans argent s'en vient coucher Mar-
     got ;
Voir ne la puis, mon cœur à mort la hait.
Sa robe prends, demi-ceint * et surcot **,   * ceinture
                                                     ** robe de des-
                                                     sus
1605 Si lui jure qu'il tendra pour l'écot *.   * que cela tien-
                                                     dra lieu d'écot
Par les côtés se prend cet Antéchrist,
Crie et jure par la mort Jésus-Christ
Que non fera. Lors empoigne un éclat * ;   * un morceau
                                                     de bois
Dessus son nez lui en fais un écrit,
1610 En ce bordeau où tenons notre état.

Puis paix se fait et me fait un gros pet,
Plus enflé qu'un velimeux * escarbot.   * *venimeux*
Riant, m'assied son poing sur mon som-
    met *,   * *sur la tête*
« Go ! go ! » me dit, et me fiert le jambot *. * *frappe la*
1615 Tous deux ivres, dormons comme un sabot.   *cuisse*
Et au réveil, quand le ventre lui bruit,
Monte sur moi que * ne gâte son fruit.   * *de peur que*
Sous elle geins, plus qu'un ais * me fais plat, * *planche*
De paillarder tout elle me détruit *,   * *elle me*
1620 En ce bordeau où tenons notre état.   *démolit tout à*
                                                fait

Vente, grêle, gèle, j'ai mon pain cuit.
Ie suis paillard, la paillarde me suit.
1623 Lequel vaut mieux ? Chacun bien s'entre-
    suit.
L'un l'autre vaut ; c'est à mau rat mau chat.
Ordure aimons, ordure nous assuit * ;   * *poursuit*
Nous défuyons honneur, il nous défuit *,   * *fuit*
1627 En ce bordeau où tenons notre état.

CLI

Item, à Marion l'Idole
Et la grand Jeanne de Bretaigne
Donne tenir publique école
1631 Où l'écolier le maître enseigne,
Lieu n'est où ce marché se tiengne
Sinon à la grille * de Meun ;
De quoi je dis : « Fi de l'enseigne,
1635 Puisque l'ouvrage est si commun ! »

* à la grille de la prison de Meung

CLII

Item, et à Noel Jolis
Autre chose je ne lui donne
Fors plein poing d'osier frais cueilli
1639 En mon jardin ; je l'abandonne.
Châtoy * est une belle aumône,
Ame * n'en doit être marri :
Onze-vingts coups lui en ordonne,
1643 Livrés par la main de Henri *.

* correction
* personne

* le bourreau

CLIII

Item, ne sais qu'à l'Hôtel Dieu
Donner *, n'à pauvres hôpitaux ;
Bourdes * n'ont ici temps ne lieu,
1647 Car pauvres gens ont assez maux :
Chacun leur envoie leurs os *.
Les Mendiants * ont eu mon oie ;
Au fort *, et ils auront les aulx :
1651 A menue gent, menue monnoie.

* je ne sais que donner
* plaisanteries

* déchets, restes sans valeur
* les Moines mendiants
* bref

CLIV

Item, je donne à mon barbier
Qui se nomme Colin Galerne,
Près voisin d'Angelot l'herbier,
1655 Un gros glaçon (pris où ? en Marne),
Afin qu'à son aise s'hiverne *.   * passe l'hiver
De l'estomac le tienne près :
Se l'hiver ainsi se gouverne,
1659 Il aura chaud l'été d'après.

CLV

Item, rien aux Enfants trouvés ;
Mais les perdus faut que console.
Si * doivent être retrouvés,   * pourtant
1663 Par droit, sur * Marion l'Idole.   * chez
Une leçon de mon école
Leur lairai *, qui ne dure guère.   * laisserai
Tête n'aient dure ne folle ;
1667 Ecoute, et vecy * la dernière.   * voici

BELLE LEÇON
AUX ENFANTS PERDUS

CLVI

« Beaux enfants, vous perdez la plus
Belle rose de vo * chapeau ;
Mes clercs près prenant comme glus,
1671 Se vous allez à Montpipeau
Ou à Ruel, gardez la peau :
Car, pour s'ébattre * en ces deux lieux,
Cuidant que vausît le rappeau *,
1675 Le perdit * Colin de Cayeux.

* votre cou-
ronne de fleurs

* pour s'être
ébattu
* croyant que
l'appel à la jus-
tice ecclésiasti-
que avait quel-
que valeur
* perdit la par-
tie

CLVII

« Ce n'est pas un jeu de trois mailles *,
Où va corps, et peut-être l'âme.
Qui perd, rien n'y font repentailles *
1679 Qu'on n'en meure à honte et diffame * ;
Et qui gagne n'a pas à femme
Dido *, la reine de Carthage.
L'homme est donc bien fol et infâme
1683 Qui, pour si peu, couche * tel gage.

* petit jeu de
rien

* si l'on perd le
repentir
n'empêche pas
* déshonneur
* Didon

* risque, mise

CLVIII

« Qu'un chacun encore m'écoute !
On dit, et il est vérité,
Que charterie * se boit toute,
1687 Au feu l'hiver, au bois l'été.
S'argent avez, il n'est enté *,
Mais le dépendez * tôt et vite.
Qui en voyez-vous hérité ?
1691 Jamais mal acquît ne profite.

* *gain d'un charretier*

* *il n'est pas greffé (durable, fixé)*
* *dépensez-le*

BALLADE DE BONNE DOCTRINE
À CEUX DE MAUVAISE VIE

« Car ou soies porteur de bulles *,
Pipeur * ou hasardeur de dés,
Tailleur de faux coins * et te brûles
1695 Comme ceux qui sont échaudés *,
Traîtres parjurs, de foi vidés ;
Soies larron, ravis ou pilles :
Où s'en va l'acquêt, que cuidez * ?
1699 Tout aux tavernes et aux filles.

« Rime, raille, cymbale, luthes,
Comme fol feintif *, éhontés ;
Farce, brouille *, joue des flûtes ;
1703 Fais, ès villes et ès cités,
Farces, jeux et moralités,
Gagne au berlan, au glic *, aux quilles
Aussi bien va, or écoutez !
1707 Tout aux tavernes et aux filles.

« De tels ordures te recules *,
Laboure, fauche champs et prés,
Sers et panse chevaux et mules,
1711 S'aucunement tu n'es lettrés ;

* bulles ponti-
ficales d'indul-
gences
* tricheur
* faux-mon-
nayeur
* bouillis

* qu'en pen-
sez-vous ?

* trompeur

* bonimente,
ou fais des
tours de presti-
digitation
* jeux de cartes

* A supposer
que tu refuses
de telles infa-
mies

Assez auras, se prends en grés *.
Mais, se chanvre broyes ou tilles *,
Ne tends ton labour * qu'as ouvrés
1715 Tout aux tavernes et aux filles ?

   « Chausses, pourpoints aiguilletés *,
Robes, et toutes vos drapilles *,
Ains que * vous fassiez pis, portez
1719 Tout aux tavernes et aux filles.

* si tu te tiens
pour satisfait
* si tu sépares
la fibre de
l'écorce
* ne destines-
tu pas le fruit
de ton travail
* à aiguillettes
* vêtements
* avant que

CLIX

« A vous parle, compains de galle *,
Qui êtes de tous bons accords *.
Gardez-vous tous de ce mau * hâle
1723 Qui noircit les gens quand sont morts ;
Eschevez *-le, c'est un mal mors ** ;
Passez-vous * au mieux que pourrez ;
Et pour Dieu, soyez tous records * :
1727 Une fois viendra que mourrez. »

* plaisir
* qui êtes de toutes les bonnes parties
* mauvais
* évitez
** mauvaise morsure
* contentez-vous
* rappelez-vous

CLX

Item, je donne aux Quinze-Vingts
(Qu'autant vaudroit nommer Trois Cents)
De Paris, non pas de Provins,
1731 Car à ceux tenu je me sens.
Ils auront, et je m'y consens,
Sans les étuis, mes grands lunettes,
Pour mettre à part, aux Innocents,
1735 Les gens de bien des déshonnêtes.

CLXI

Ici n'y a ne ris ne jeu.
Que leur valut avoir chevances *,
N'en grands lits de parement jeu *,
1739 Engloutir vins en grosses panses,
Mener joies, fêtes et danses,
De ce faire prêt à toute heure ?
Toutes faillent * telles plaisances,
1743 Et la coulpe * si en demeure.

* richesses
* et d'avoir couché dans de grands lits d'apparat
* De tels plaisirs finissent tous
* péché

CLXII

Quand je considère ces têtes
Entassées en ces charniers,
Tous furent maîtres des requêtes,
1747 Au moins de la Chambre aux Deniers *,
Ou tous furent portepaniers * :
Autant puis l'un que l'autre dire ;
Car d'évêques ou lanterniers *,
1751 Je n'y connois rien à redire *.

* *chargée des dépenses de la maison du roi*
* *portefaix*
* *allumeurs ou porteurs de lanternes*
* *je n'y vois aucune différence*

CLXIII

Et icelles qui s'enclinoient
Unes contre autres en leurs vies,
Desquelles les unes régnoient,
1755 Des autres craintes et servies,
Là les vois toutes assouvies *,
Ensemble en un tas pêle-mêle.
Seigneuries leur sont ravies ;
1759 Clerc ne maître ne s'y appelle *.

* *parvenues à leur fin*

* *on ne s'y appelle plus clerc ni maître*

CLXIV

Or ils sont morts, Dieu ait leurs âmes !
Quant est des corps, ils sont pourris,
Aient été seigneurs ou dames,
1763 Souef et tendrement nourris
De crème, fromentée * ou riz ;
Et les os déclinent en poudre *,
Auxquels ne chaut d'ébats ne ris.
1767 Plaise au doux Jésus les absoudre !

* *bouillie de farine aux œufs*
* *tombent en poussière*

CLXV

Aux trépassés je fais ce lais
Et icelui le communique
A régents *, cours **, sièges ***, palais,
1771 Haineurs * d'avarice l'inique,
Lesquels pour la chose publique
Se sèchent les os et les corps :
De Dieu et de saint Dominique
1775 Soient absous quand seront morts.

* lieutenants
du roi
** tribunaux
souverains
*** juridic-
tions subal-
ternes
* qui haïssent

CLXVI

Item, rien à Jacquet Cardon,
Car je n'ai rien pour lui d'honnête,
Non pas que le jette à bandon *,
1779 Sinon cette bergeronnette * ;
S'elle eût le chant * Marionnette
Fait pour Marion la Peautarde,
Ou d'Ouvrez votre huis, Guillemette,
1783 Elle allât à la moutarde * :

* l'abandonne
* chanson,
rondeau
* si elle était
accompagnée
de l'air
* elle convien-
drait bien pour
aller à la mou-
tarde

CHANSON

Au retour de dure prison
Où j'ai laissé presque la vie,
1786 Se Fortune a sur moi envie
Jugez s'elle fait méprison * !

* si elle se
méprend

Il me semble que, par raison,
Elle dût bien être assouvie
1790   Au retour.

Se si pleine est de déraison
Que veuille que du tout dévie *,
Plaise à Dieu que l'âme ravie
En soit lassus *, en sa maison,
1793   Au retour !

* que je perde
entièrement la
vie
* là haut

CLXVII

Item, donne à maître Lomer,
Comme extrait* que je suis de fée,
Qu'il soit bien aimé, mais d'aimer
1799 Fille en chef* ou femme coeffée,
Ja n'en ait la tête échauffée,
Ce qui ne lui coûte une noix*,
Faire un soir cent fois la faffée*,
1803 En dépit* d'Ogier le Danois.

* puisque je
suis de la
lignée
* tête nue

* ce qui ne lui
coûte rien du
tout
* la bagatelle
* pour faire la
nique

CLXVIII

Item, donne aux amants enfermes*,
Outre le lais Alain Chartier,
A leurs chevets, de pleurs et larmes
1807 Trétout fin plein un bénoitier*,
Et un petit brin d'églantier,
En tous temps vert, pour guepillon*,
Pourvu qu'ils diront le psautier*
1811 Pour l'âme du pauvre Villon.

* infirmes,
impuissants

* un bénitier
rempli à ras
bord
* goupillon
* le recueil de
150 psaumes

CLXIX

Item, à maître Jacques James,
Qui se tue d'amasser biens,
Donne fiancer* tant de femmes
1815 Qu'il voudra ; mais d'épouser ? riens.
Pour qui amasse-t-il ? Pour les siens,
Il ne plaint fors que ses morceaux* ;
Et qui* fut aux truies, je tiens
1819 Qu'il doit de droit être aux pourceaux.

* de se fiancer
à

* ses dépenses
de table
* ce qui

CLXX

Item, le camus * Sénéchal,   ** embarrassé,*
Qui une fois paya mes dettes,   *interdit*
En récompense, maréchal
1823 Sera pour ferrer oies, canettes *,   ** petites canes*
En lui envoyant ces sornettes
Pour soi désennuyer ; combien *,   ** cependant*
S'il veut, fasse en des allumettes :
1827 De beau chanter s'ennuie on bien.

CLXXI

Item, au Chevalier du Guet *   ** chargé de la*
Je donne deux beaux petits pages,   *police noc-*
Philibert et le gros Marquet,   *turne de Paris*
1831 Lesquels servi, dont sont plus sages *,   ** ce qui les a*
La plus partie de leurs âges,   *rendus plus*
Ont le prévôt des maréchaux *,   *sages*
Hélas ! s'ils sont cassés de gages *,   ** chef de la*
1835 Aller leur faudra tous déchaux *.   *police mili-*
     taire, Tristan
     l'Hermite
     * congédiés
     * pieds nus

CLXXII

Item, à Chappelain je laisse
Ma chapelle à simple tonsure *,   ** bénéfice pos-*
Chargée d'une sèche messe *   *sédé en tant*
1839 Où il ne faut pas grand lecture.   *que clerc qui*
Résigné lui eusse ma cure,   *n'a que la ton-*
Mais point ne veut de charge d'âmes ;   *sure*
De confesser, ce dit, n'a cure   ** messe abré-*
1843 Sinon chamberières et dames.   *gée sans consé-*
     cration, ni
     communion

CLXXIII

Pour ce que sait bien mon entente *   * mes inten-
Jean de Calais, honorable homme,   tions
Qui ne me vit des ans a trente *   * depuis trente
1847 Et ne sait comment me nomme,   ans, i.e. jamais
De tout ce testament, en somme,
S'aucun y a difficulté,
L'ôter jusqu'au res * d'une pomme   * complète-
1851 Je lui en donne faculté.   ment

CLXXIV

De le gloser et commenter,
De le définir et décrire *,   * copier
Diminuer ou augmenter,
1855 De le canceller * et prescrire **   * annuler, bif-
De sa main, et ne sût écrire,   fer
Interpréter et donner sens,   ** supprimer
A son plaisir, meilleur ou pire,   par jeu de la
1859 A tout ceci je m'y consens.   prescription

CLXXV

Et s'aucun *, dont n'ai connaissance,   * quelqu'un
Étoit allé de mort à vie,
Je veuil et lui donne puissance,
1863 Afin que l'ordre soit finie,
Pour être mieux parassouvie *,   * parfaite
Que cette aumône ailleurs transporte,
Car, s'il l'appliquoit * par envie,   * attribuait
1867 A son âme * je m'en rapporte.   * à sa cons-
                                                              cience

CLXXVI

Item, j'ordonne à Sainte Avoie,
Et non ailleurs, ma sépulture ;
Et, afin qu'un chacun me voie,
1871 Non pas en char *, mais en peinture,   * chair
Que l'on tire mon estature *   * portrait
D'encre, s'il ne coûtoit trop cher.
De tombel ? rien : je n'en ai cure,
1875 Car il grèveroit * le plancher.   * surchargerait

CLXXVII

Item, veuil qu'autour de ma fosse
Ce qui s'ensuit, sans autre histoire,
Soit écrit en lettre assez grosse,
1879 Et qui n'auroit point d'écritoire *,   * nécessaire à écrire
De charbon ou de pierre noire,
Sans en rien entamer le plâtre ;
Au moins sera de moi mémoire,
1883 Telle qu'elle est, d'un bon folâtre.

ÉPITAPHE ET RONDEAU

CI GÎT ET DORT EN CE SOLIER *,   * en ce grenier
QU'AMOUR OCCIT DE SON RAILLON *,   * sa flèche,
UN PAUVRE PETIT ÉCOLIER
1887 QUI FUT NOMMÉ FRANÇOIS VILLON.
ONCQUES DE TERRE N'EUT SILLON.
IL DONNA TOUT, CHACUN LE SAIT :
TABLE, TRÉTEAUX, PAIN, CORBILLON.
1891 POUR DIEU, DITES-EN CE VERSET :

REPOS ÉTERNEL DONNE A CIL *,   * celui-là
SIRE, ET CLARTÉ PERPÉTUELLE,
QUI VAILLANT PLAT NI ÉCUELLE *   * la valeur
1895 N'OT ONCQUES, N'UN BRIN DE PERSIL.   d'un plat ou
                                                        d'une écuelle

IL FUT RÉS *, CHEF, BARBE ET SOURCILS,   * rasé
COMME UN NAVET QU'ON RET * OU PÈLE.   * rase
1898 REPOS ÉTERNEL DONNE A CIL.

RIGUEUR LE TRANSMIT EN EXIL *   * lieu de des-
ET LUI FRAPPA AU CUL LA PELLE,   truction, pri-
NONOBSTANT QU'IL DÎT : « J'EN APPELLE ! »   son, exil
QUI N'EST PAS TERME TROP SUBTIL.
1903 REPOS ÉTERNEL DONNE A CIL.

CLXXVIII

Item, je veux qu'on sonne à branle *   * à la volée
Le gros beffroi * qui est de verre,   * bourdon
Combien qu'*'il n'est cœur qui ne tremble, * Bien que
1907 Quand de sonner est à son erre *.   * en train
Sauvé a mainte belle terre,
Le temps passé, chacun le sait :
Fussent gens d'armes ou tonnerre,
1911 Au son de lui, tout mal cessoit.

CLXXIX

Les sonneurs auront quatre miches,
Et se c'est peu, demi-douzaine ;
Autant n'en donnent les plus riches,
1915 Mais ils seront de saint Étienne *.   * ce seront des
Volant est homme de grand peine :   pierres avec
L'un en sera ; quand j'y regarde,   lesquelles on
Il en vivra une semaine.   lapida le saint
1919 Et l'autre ? Au fort *, Jean de la Garde. * après tout,
                                         enfin

CLXXX

Pour tout ce fournir et parfaire,
J'ordonne mes exécuteurs,
Auxquels fait bon avoir affaire
1923 Et contentent bien leurs detteurs *.   * débiteur
Ils ne sont pas mout grands vanteurs,
Et ont bien de quoi, Dieu mercis !
De ce fait seront directeurs.
1927 Écris : je t'en nommerai six.

CLXXXI

C'est maître Martin Bellefaye,
Lieutenant du cas criminel *.
Qui sera l'autre ? J'y pensoie :
1931 Ce sera sire Colombel ;
S'il lui plaît et il lui est bel *,
Il entreprendra cette charge *.
Et l'autre ? Michel Jouvenel.
1935 Ces trois seuls, et pour tout, j'en charge.

* lieutenant
criminel du
prévôt de Paris

* agréable

* l'exécution
du testament

CLXXXII

Mais, ou cas qu'ils s'en excusassent,
En redoutant les premiers frais,
Ou totalement refusassent,
1939 Ceux qui s'ensuivent ci-après
Institue, gens de bien très :
Philippe Brunel, noble écuyer,
Et l'autre ? Son voisin d'emprès *,
1943 Si est maître Jacques Raguier,

* proche voi-
sin

CLXXXIII

Et l'autre ? Maître Jacques James,
Trois hommes de bien et d'honneur,
Désirant de sauver leurs âmes
1947 Et doutant * Dieu Notre Seigneur.
Plus tôt y meteront du leur
Que cette ordinaire ne baillent * ;
Point n'auront de contreroleur,
1951 Mais à leur seul plaisir en taillent *.

* redoutant

* donnent cette
nourriture

* fassent

CLXXXIV

Des testaments qu'on dit le maître *
De mon fait n'aura *quy* ne *quot* *,
Mais ce sera un jeune prêtre
1955 Qui est nommé Thomas Tricot.
Volontiers busse à son écot *,
Et qu'il me coûtât ma cornette !
S'il sût jouer en un tripot,
1959 Il eût de moi *le Trou Perrette*.

* celui qu'on
appelle le maî-
tre des testa-
ments
* quid ne
quod : *rien du
tout*
* je boirais à
ses frais

CLXXXV

Quant au regard du luminaire *,
Guillaume du Ru j'y commets.
Pour porter les coins du suaire,
1963 Aux exécuteurs le remets.
Trop plus mal me font qu'oncques mais *
Barbe, cheveux, pénil, sourcils.
Mal me presse, temps désormais
1967 Que crie à toutes gens mercis.

* En ce qui
concerne
l'éclairage

* jamais

BALLADE DE MERCI

A Chartreux et à Célestins,
A Mendiants et à Dévotes,
A musards et claquepatins *,
1971 A servants et filles mignottes *
Portants surcots et justes cottes,
A cuidereaux * d'amour transis,
Chaussant sans méhaing * fauves bottes,
1975 Je cris à toutes gens mercis.

A fillettes montrant tétins,
Pour avoir plus largement hôtes *,
A ribleurs, mouveurs de hutins *
1979 A bateleurs trayant * marmottes,
A fous, folles, à sots, à sottes,
Qui s'en vont sifflant six à six
A vessies et mariottes *,
1983 Je cris à toutes gens mercis,

Sinon aux traîtres chiens mâtins
Qui m'ont fait ronger dures crôtes *,
Mâcher maints soirs et maints matins,
1987 Qu'ores je ne crains trois crottes *.

*à badauds et
élégants
* à servants
d'amour et à
filles de joie
* vaniteux
* sans douleur

* pour avoir
des clients
* voleurs, fau-
teurs de tapage
* traînant

* avec des ves-
sies et des
marottes

* croûtes

pas du tout

Je fisse * pour eux pets et rottes ** ;
Je ne puis, car je suis assis.
Au fort, pour éviter riottes *,
1991 Je crie à toutes gens mercis.

Qu'on leur froisse les quinze côtes
De gros maillets forts et massis *,
De plombées * et tels pelotes.
1995 Je crie à toutes gens mercis.

* *ferais*
** *rots*

* *somme
toute, pour
éviter des que-
relles*

* *massifs*

* *bâtons munis
d'une boule de
plomb*

BALLADE FINALE

Ici se clôt le testament
Et finit du pauvre Villon.
Venez à son enterrement,
1999 Quand vous orrez * le carillon,   *entendrez
Vêtus rouge com vermillon,
Car en amour mourut martyr :
Ce jura-t-il * sur son couillon   * c'est ce qu'il jura
2003 Quand de ce monde vout * partir.   * voulut

Et je crois bien que pas n'en ment,
Car chassé fut comme un souillon
De ses amours haineusement ;
2007 Tant que, d'ici à Roussillon *,   * Roussillon en Dauphiné
Brosse n'y a ne brossillon *   * il n'y a buisson ni broussailles
Qui n'eût, ce dit-il sans mentir,
Un lambeau de son cotillon,
2011 Quand de ce monde vout partir.

Il est ainsi et tellement,
Quand mourut n'avoit qu'un haillon ;
Qui plus, en mourant, malement   * le piquait l'aiguillon d'amour
2015 L'époignoit d'Amour l'aiguillon * ;

Plus aigu que le ranguillon*
D'un baudrier lui faisoit sentir
(C'est de quoi nous émerveillon)
2019 Quand de ce monde vout partir.

* *l'ardillon*

Prince, gent* comme émerillon,
Sachez qu'il fit au départir :
Un trait but de vin morillon*,
2023 Quand de ce monde vout partir.

* *noble, aimable*

* *gros rouge*

Poésies diverses

I. BALLADE DE BON CONSEIL

Hommes faillis, bertaudés * de raison,   * privés
Dénaturés et hors de connoissance,
Démis du sens, comblés de déraison,
Fous abusés, pleins de déconnoissance *,   * ignorance
5 Qui procurez * contre votre naissance,   * travaillez, agissez
Vous soumettant à détestable mort
Par lâcheté, las! que ne vous remord *   * inspire du remords
L'horribleté qui à honte vous mène ?
Voyez comment maint jeunes homs est mort
10 Par offenser et prendre autrui demaine *.   * le bien d'autrui

Chacun en soi voie sa méprison *,   * que chacun en soi voie son erreur
Ne nous vengeons, prenons en patience ;
Nous connoissons que ce monde est prison
Aux vertueux franchis * d'impatience ;   * affranchis
15 Battre, rouiller * pour ce n'est pas science,   * rosser
Tollir, ravir, piller, meurtrir * à tort.   * tuer
De Dieu ne chaut, trop de verté se tort *   * se détourne
Qui en tels faits sa jeunesse démène,
Dont à la fin ses poings douloureux tord
20 Par offenser et prendre autrui demaine.

Que vaut piper*, flatter, rire en traison,   * *tricher*
Quêter, mentir, affirmer sans fiance,
Farcer*, tromper, artifier** poison,   * *mystifier*
Vivre en péché, dormir en défiance   ** *préparer*
25 De son prouchain sans avoir confiance ?
Pour ce conclus : de bien faisons effort,
Reprenons cœur, ayons en Dieu confort*,   * *réconfort*
Nous n'avons jour certain en la semaine ;
De nos maux ont nos parents le ressort*   * *ressentent le*
30 Par offenser et prendre autrui demaine.   *contrecoup*

Vivons en paix, exterminons discord ;
Ieunes et vieux, soyons tous d'un accord :
La loi* le veut, l'apôtre le ramène **   * *la loi de Dieu*
Licitement en l'épître romaine ;   ** *rappelle*
          * *quelque*
35 Ordre nous faut, état ou aucun port*.   *appui, situa-*
Notons ces points ; ne laissons le vrai port *   *tion sûre*
Par offenser et prendre autrui demaine.   * *le port du*
          salut, le ciel

II. BALLADE DES PROVERBES

Tant gratte chèvre que mal gît *,
Tant va le pot à l'eau qu'il brise,
Tant chauffe-on le fer qu'il rougit,
4 Tant le maille-on * qu'il se débrise,
Tant vaut l'homme comme on le prise,
Tant s'élogne-il qu'il n'en souvient *,
Tant mauvais est qu'on le déprise *,
8 Tant crie-l'on Noël qu'il vient.

Tant parle-on qu'on se contredit,
Tant vaut bon bruit que grâce acquise,
Tant promet-on qu'on s'en dédit,
12 Tant prie-on que chose est acquise,
Tant plus est chère et plus est quise *,
Tant la quiert-on qu'on y parvient,
Tant plus commune et moins requise,
16 Tant crie-l'on Noël qu'il vient.

Tant aime-on chien qu'on le nourrit,
Tant court chanson qu'elle est apprise,
Tant garde-on fruit qu'il se pourrit,
20 Tant bat-on place qu'elle est prise,

marginal notes:

* qu'elle est
mal couchée

* martèle-t-on
à coups de
maillet
* tant
s'éloigne-t-il
qu'on ne se
souvient pas
de lui
* méprise

* recherchée

Tant tarde-on que faut * l'entreprise,   * échoue
Tant se hâte-on que mal advient,
Tant embrasse-on que chet * la prise,   * tombe
24 Tant crie-l'on Noël qu'il vient.

Tant raille-on que plus on n'en rit,
Tant dépent *-on qu'on n'a chemise,   * dépense
Tant est-on franc * que tout y frit,   * tant est-on généreux que tout est perdu
28 Tant vaut « Tiens ! » que chose promise,
Tant aime-on Dieu qu'on fuit l'Église,
Tant donne-on qu'emprunter convient,
Tant tourne vent qu'il chet en * bise,   * tourne en
32 Tant crie-l'on Noël qu'il vient.

Prince, tant vit fol qu'il s'avise *,   * devient sage
Tant va-il qu'après il revient,   * tant le frappe-t-on qu'il devient sage
Tant le mate-on qu'il se ravise *,
36 Tant crie-l'on Noël qu'il vient.

III. BALLADE DES MENUS PROPOS

Je connois bien mouches en lait,
Je connois à la robe l'homme,
Je connois le beau temps du laid,
4 Je connois au pommier la pomme,
Je connois l'arbre à voir la gomme,
Je connois quand tout est de mêmes,
Je connois qui besogne ou chomme,
8 Je connois tout, fors que moi-mêmes.

Je connois pourpoint au collet,
Je connois le moine à la gonne *,   * à sa robe
Je connois le maître au valet,
12 Je connois au voile la nonne,
Je connois quand pipeur jargonne *,   * parle en
Je connois fous nourris de crèmes,   argot
Je connois le vin à la tonne *,   * tonneau
16 Je connois tout, fors que moi-mêmes.

Je connois cheval et mulet,
Je connois leur charge et leur somme *,   * faix
Je connois Biatris et Belet *,   * Isabelle

20 Je connois jet* qui nombre et somme,
  Je connois vision et somme*,
  Je connois la faute des Boemes*,
  Je connois le pouvoir de Rome,
24 Je connois tout, fors que moi-mêmes.

  Prince, je connois tout en somme,
  Je connois coulourés* et blêmes,
  Je connois mort qui tout consomme,
28 Je connois tout, fors que moi-mêmes.

* *jeton*

* *sommeil, songe*
* *Bohèmes, hussites*

* *ceux qui ont de belles couleurs*

IV. BALLADE DES CONTRE-VÉRITÉS

Il n'est soin que quand on a faim
Ne service que d'ennemi,
Ne mâcher qu'un botel de fain *,
4 Ne fort guet que d'homme endormi,
Ne clémence que félonie,
N'assurance * que de peureux,
Ne foi que d'homme qui renie,
8 Ne bien conseillé qu'amoureux.

Il n'est engendrement qu'en boin *
Ne bon bruit * que d'homme banni,
Ne ris qu'après un coup de poing,
12 Ne lotz que dettes mettre en ni *,
Ne vraie amour qu'en flatterie,
N'encontre * que de malheureux,
Ne vrai rapport que menterie,
16 Ne bien conseillé qu'amoureux.

Ne tel repos que vivre en soin,
N'honneur porter que dire : « Fi * ! »,
Ne soi vanter que de faux coin *,
20 Ne santé que d'homme bouffi,

une botte de foin

courage

bain

bon renom

ni bonne réputation que si l'on nie ses dettes

rencontre

que de marquer son mépris

de fausse monnaie

Ne haut vouloir que couardie,
Ne conseil que de furieux *,   * *fou furieux*
Ne douceur qu'en femme étourdie,
24 Ne bien conseillé qu'amoureux.

Voulez-vous que verté vous dire ?
Il n'est jouer qu'en maladie,
Lettre vraie qu'en tragédie *,   * *récit véridi-*
28 lâche homme que chevalereux,   *que qu'en*
Orrible son que mélodie,   *fable tragique*
Ne bien conseillé qu'amoureux.

V. BALLADE
CONTRE LES ENNEMIS
DE LA FRANCE

Rencontré soit de bêtes feu jetant
Que Jason vit, quérant la Toison d'or ;
Ou transmué d'homme en bête sept ans
Ainsi que fut Nabugodonosor ;
Ou perte il ait et guerre aussi vilaine
6 Que les Troyens pour la prise d'Hélène ;
Ou avalé * soit avec Tantalus   * précipité
Et Proserpine aux infernaux palus * ;   * marais infer-
Ou plus que Job soit en grieve * souffrance,   naux
Tenant prison en la tour Dedalus *,   * dure
11 Qui mal voudroit au royaume de France !   * Labyrinthe

Quatre mois soit en un vivier chantant,
La tête au fond, ainsi que le butor ;
Ou au grand Turc vendu deniers comp-
    tants,
Pour être mis au harnais comme un tor * ;   * taureau
Ou trente ans soit, comme la Magdelaine,
17 Sans drap vêtir de linge ne de laine ;
Ou soit noyé comme fut Narcissus,
Ou aux cheveux, comme Absalon, pendus,
Ou, comme fut Judas, par Despérance * ;   * Désespoir
Ou puist périr comme Simon Magus *,   * Simon le
22 Qui mal voudroit au royaume de France !   Mage

D'Octovien puist revenir le temps :
C'est qu'on lui coule au ventre son trésor ;
Ou qu'il soit mis entre meules flottant
En un moulin, comme fut saint Victor ;
Ou transglouti en la mer, sans haleine,
28 Pis que Jonas ou corps de la baleine ;
Ou soit banni de la clarté Phébus,
Des biens Juno et du soulas Vénus,
Et du dieu Mars soit pugni à outrance,
Ainsi que fut roi Sardanapalus,
33 Qui mal voudroit au royaume de France !

Prince, porté soit des serfs Eolus *   ** serviteurs*
En la forêt où domine Glaucus,   *d'Éole*
Ou privé soit de paix et d'espérance :
Car digne n'est de posséder vertus,
38 Qui mal voudroit au royaume de France !

VI. RONDEAU

Jenin l'Avenu
Va-t'en aux étuves,

Et toi la venu,
4 Jenin l'Avenu,

Si te lave nu
Et te baigne ès cuves.
Jenin l'Avenu,
8 Va-t'en aux étuves.

VII. BALLADE
DU CONCOURS DE BLOIS

Je meurs de seuf* auprès de la fontaine,   * soif
Chaud comme feu, et tremble dent à dent ;
En mon pays suis en terre lointaine ;
Lez un brasier frissonne tout ardent ;
5 Nu comme un ver, vêtu en président,
Je ris en pleurs et attends sans espoir ;
Confort reprends en triste désespoir ;
Je m'éjouis et n'ai plaisir aucun ;
Puissant je suis sans force et sans pouvoir,
10 Bien recueilli*, débouté** de chacun.   * accueilli
                                          ** repoussé

Rien ne m'est sûr que la chose incertaine ;
Obscur, fors ce qui est tout évident ;
Doute ne fais, fors en chose certaine ;
Science tiens à soudain accident ;
15 Je gagne tout et demeure perdant ;
Au point du jour dis : « Dieu vous doint*   * donne
   bon soir ! »
Gisant envers*, j'ai grand paour de choir ;   * sur le dos
J'ai bien de quoi et si n'en ai pas un ;
Échoite* attends et d'homme ne suis   * héritage
   hoir*,   * héritier
20 Bien recueilli, débouté de chacun.

De rien n'ai soin, si mets toute ma peine
D'acquérir biens et n'y suis prétendant ;
Qui mieux me dit, c'est cil qui plus
    m'ataine *,
Et qui plus vrai, lors plus me va bourdant * ;
25 Mon ami est, qui me fait entendant
D'un cygne blanc que c'est un corbeau
    noir ;
Et qui me nuit, crois qu'il m'aide à pour-
    voir * ;
Bourde *, verté, aujourd'hui m'est tout un ;
Je retiens tout, rien ne sait concevoir,
30 Bien recueilli, débouté de chacun.

Prince clément, or vous plaise savoir
Que j'entends mout et n'ai sens ne savoir :
Partial suis, à toutes lois commun *.
Que sais-je plus ? Quoi ? Les gages ravoir *,
35 Bien recueilli, débouté de chacun.

* m'offense le plus
* mentant, abusant

* je crois qu'il m'aide à me pourvoir
* plaisanterie

* je suis l'homme d'un parti, et me plie aux injonctions de tous les partis
* rentrer en possession de mes gages

VIII. ÉPÎTRE À MARIE D'ORLÉANS

OU

LE DIT DE LA NAISSANCE
DE MARIE D'ORLÉANS

Jam nova progenies celo demittitur alto.
Virgile, Eglogues *IV, 7.*

O louée conception
Envoyée ça jus * des cieux,   * *ici-bas*
Du noble lys digne scion *,   * *rejeton*
4 Don de Jésus très précieux,
MARIE, nom très gracieux,
Font * de pitié, source de grâce,   * *fontaine*
La joie, confort de mes yeux,
8 Qui notre paix bâtit et brasse * !   * *construit*

La paix, c'est assavoir, des riches,
Des pauvres le sustentement *,   * *subsistance*
Le rebours * des félons et chiches,   * *éloignement*
12 Très nécessaire enfantement,
Conçu, porté honnêtement
Hors * le péché originel,   * *hors du*
Que dire je puis saintement
16 Souvrain bien de Dieu éternel !

Nom recouvré *, joie de peuple,
Confort des bons, des maux retraite * ;
Du doux seigneur première et seule
20 Fille, de son clair * sang extraite,
Du dêtre côté Clovis traite * ;
Glorieuse image en tous faits,
Ou haut ciel créée et pourtraite *
24 Pour éjouir et donner paix !

*car une nou-
velle sainte
Marie est née
* refuge contre
les maux
* illustre
* tirée du côté
droit de Clovis
* façonnée

En l'amour et crainte de Dieu
Es nobles flancs César conçue,
Des petits et grands en tout lieu
28 A très grande joie reçue,
De l'amour Dieu traite, tissue *
Pour les discordés * rallier
Et aux enclos * donner issue,
32 Leurs liens et fers délier.

* tirée et for-
mée
* les gens en
discorde
* prisonniers

Aucunes gens, qui bien peu sentent *,
Nourris en simplesse * et confits,
Contre le vouloir Dieu attentent,
36 Par ignorance déconfits,
Désirant que fussiez un fils ;
Mais qu'ainsi soit, ainsi m'aist Dieux *,
Je crois que ce soit grands proufits.
40 Raison : Dieu fait tout pour le mieux.

* certains de
peu de sens
* simplicité
d'esprit

* que Dieu
m'assiste

Du Psalmiste je prends les dits :
Delectasti me, Domine *,
In factura tua, si dis :
44 Noble enfant, de bonne heure * né,
A toute douceur destiné,
Manne du ciel, céleste don,
De tous bienfaits le guerdonné *
48 Et de nos maux le vrai pardon !

* Seigneur,
vous m'avez
comblé de joie
en me mon-
trant l'œuvre
de vos mains
* sous une
bonne étoile
* la récom-
pense

Combien que j'ai lu en un dit :
*Inimicum putes**, y a,
Qui te presentem laudabit,
52 Toutefois, nonobstant cela,
Oncques vrai homme ne cela*
En son courage* aucun grand bien,
Qui ne le montrât çà et là :
56 On doit dire du bien le bien.

> * considérez comme un ennemi celui qui vous louera en votre présence
> * cacha
> * cœur

Saint Jean Baptiste ainsi le fit,
Quand l'Agnel de Dieu décela*.
En ce faisant, pas ne méfit*,
60 Dont sa voix ès tourbes* vola ;
De quoi saint Andry Dieu loua,
Qui de lui ci ne savoit rien,
Et au Fils de Dieu s'aloua* :
64 On doit dire du bien le bien.

> * découvrit
> * il ne commit pas de faute
> * parmi les foules
> * se mit au service

Envoiée de Jésus Christ
Rappeler ça jus* par deçà
Les pauvres que Rigueur* proscrit
68 Et que Fortune bétourna*,
Si sais bien comment il m'en va :
De Dieu, de vous, vie je tien.
Benoît(e) celle qui vous porta !
72 On doit dire du bien le bien.

> * Envoyée de Jésus-Christ pour rappeler ici-bas
> * la Rigueur de la Justice
> * renversa

Ci, devant Dieu, fais connoissance*
Que créature fusse morte,
Ne fût votre douce naissance,
76 En charité puissant et forte,
Qui ressuscite et réconforte
Ce que Mort avoit pris pour sien ;
Votre présence me conforte :
80 On doit dire du bien le bien.

> * je reconnais

Ci vous rends toute obéissance,
A ce faire Raison m'exhorte,
De toute ma pauvre puissance ;
84 Plus n'est deuil qui me déconforte,
N'autre ennui de quelconque sorte.
Vôtre je suis et non plus mien ;
A ce Droit et Devoir m'enhorte :
88 On doit dire du bien le bien.

O grâce et pitié très immense,
L'entrée de paix et la porte,
Somme de bénigne clémence
92 Qui nos fautes tout et supporte *,   * *ôte et prend*
Se de vous louer me déporte *,   *sur elle nos*
Ingrat suis, et je le maintien,   *fautes*
Dont en ce refrain me transporte * :   * *détourne*
96 On doit dire du bien le bien.   * *je m'en*
                                               retourne à ce
                                               refrain

Princesse, ce los * je vous porte,   * *louange*
Que sans vous je ne fusse rien.
A vous et à tous m'en rapporte :
100 On doit dire du bien le bien.

Œuvre de Dieu, digne, louée
Autant que nulle créature,
De tous biens et vertus douée,
104 Tant d'esperit que de nature,
Que de ceux qu'on dit d'aventure *,   * *contingents*
Plus que rubis noble ou balais ;
Selon de Caton l'écriture :
108 *Patrem insequitur proles* *,   * *l'enfant suit*
                                               les traces de
                                               son père

Port assûré, maintien rassis,
Plus que ne peut nature humaine,
Et eussiez des ans trente six ;
112 Enfance en rien ne vous démène.

Que jour ne le die et semaine,
Je ne sais qui le me défend *.
A ce propos un dit ramène :
116 De sage mère sage enfant.

Dont résume ce que j'ai dit :
*Nova progenies * celo,*
Car c'est du poète le dit,
120 *Jamjam demittitur alto *.*
Sage Cassandre, belle Echo,
Digne Judith, caste * Lucrèce,
Je vous connois, noble Dido,
124 A * ma seule dame et maîtresse.

En priant Dieu, digne pucelle,
Qu'il vous doint * longue et bonne vie ;
Qui vous aime, ma damoiselle,
128 Ja ne coure * sur lui envie.
Entière dame et assouvie *,
J'espoir * de vous servir ainçois **,
Certes, se Dieu plaît, que dévie *
132 Votre pauvre écolier François.

*Je ne sais ce
qui peut me
défendre que
je ne le dise
jour et semaine*

** une race
nouvelle*

** nous est
envoyée du
haut des cieux
* chaste*

* comme

** donne
* que sur qui
vous aime...
ne coure
jamais l'envie
* parfaite et
accomplie
* j'espère
** avant
* que meure*

IX. ÉPÎTRE À MES AMIS

Ayez pitié, ayez pitié de moi,
A tout le moins, s'il vous plaît, mes amis [1] !
En fosse gis, non pas sous houx ne mai *,   * branchage de
En cet exil ouquel je suis transmis   hêtre, placé le
5 Par Fortune, comme Dieu l'a permis.   1er mai devant
Filles aimant jeunes gens et nouveaux,   la maison
Danseurs, sauteurs, faisant les pieds de
   veaux *,   * sorte de
Vifs comme dards, aigus comme aiguillon,   danse
Gousiers tintant clair comme cascaveaux *,   * grelots
10 Le laisserez là, le pauvre Villon ?

Chantres chantant à plaisance, sans loi,
Galants riant, plaisants en faits et dits,
Coureux allant francs de faux or, d'aloi *,   * dépourvus
Gens d'esperit, un petit étourdis,   de pièces d'or
15 Trop demourez, car il meurt entandis *.   fausses ou
Faiseurs de lais, de motets et rondeaux,   bonnes
Quand mort sera, vous lui ferez chau-   * entre-temps
   deaux * !
Où gît, il n'entre éclair ne tourbillon :   * bouillons
De murs épais on lui a fait bandeaux.   chauds
20 Le laisserez là, le pauvre Villon ?

1. Job, XIX, 21 : « Miserere mei, miserere mei, saltem amici mei, quia
manus Domini tetigit me. »

Venez le voir en ce piteux arroi *,   * *équipage*
Nobles hommes, francs de quart et de dix *,   * *échappant*
Qui ne tenez d'empereur ne de roi,   *aux impôts du*
Mais seulement de Dieu de paradis ;   *quart et de la*
                                              dîme
25 Jeûner lui faut dimanches et merdis,
Dont les dents a plus longues que râteaux ;
Après pain sec, non pas après gâteaux,
En ses boyaux verse eau à gros bouillon ;
Bas en terre *, table n'a ne tréteaux.   * *Dans un cul-*
30 Le laisserez là, le pauvre Villon ?   *de-basse-fosse*

Princes nommés, anciens, jouvenceaux,
Impétrez-moi * grâces et royaux sceaux,   * *obtenez-moi*
Et me montez en quelque corbillon *.   * *corbeille*
Ainsi le font, l'un à l'autre, pourceaux,
35 Car, où l'un brait, ils fuient à monceaux *.   * *en tas*
Le laisserez là, le pauvre Villon ?

X. REQUÊTE À MONSEIGNEUR
DE BOURBON

Le mien seigneur et prince redouté
Fleuron de lys, royale géniture *,   * rejeton
François Villon, que Travail a dompté
A coups orbes *, par force de bature,   * avec contu-
5 Vous supplie par cette humble écriture   sions
Que lui fassiez quelque gracieux prêt.
De s'obliger en toutes cours est prêt,
Si ne doutez que bien ne vous contente * :   * aussi ne dou-
Sans y avoir dommage n'intérêt,   tez point qu'il
                                              ne vous rem-
10 Vous n'y perdrez seulement que l'attente.   bourse

A prince n'a un denier emprunté,
Fors à vous seul, votre humble créature.
De six écus que lui avez prêté,
Cela piéça il mit en nourriture,
15 Tout se paiera ensemble, c'est droiture,
Mais ce sera légièrement et prêt * ;   * vite et sans
Car se du gland rencontre en la forêt   tarder
D'entour Patay et châtaignes ont vente,
Payé serez sans délai ni arrêt :
20 Vous n'y perdrez seulement que l'attente.

Si je pusse vendre de ma santé
A un Lombard, usurier par nature,
Faute d'argent m'a si fort enchanté
Qu'en prendroie, ce cuide, l'aventure *.

25 Argent ne pends à gipon * n'à ceinture ;
Beau sire Dieu ! je m'ébahis que c'est
Que devant moi croix ne se comparaît *,
Sinon de bois ou pierre, que ne mente * ;
Mais s'une fois la vraie * m'apparaît,

30 Vous n'y perdrez seulement que l'attente.

Prince du lys, qui a tout bien complaît *,
Que cuidez-vous comment il me déplaît *,
Quand je ne puis venir à mon entente * ?
Bien m'entendez ; aidez-moi, s'il vous
    plaît :

35 Vous n'y perdrez seulement que l'attente.

AU DOS DE LA LETTRE

Allez, lettres, faites un saut ;
Combien que vous n'ayez pied ni langue,
Remontrez en votre harangue

39 Que faute d'argent si m'assaut *.

*que j'en courrais le risque
* tunique sans manches
* je me demande pourquoi devant moi n'apparaît nulle croix
* à n'en point mentir
* celle des pièces de monnaie
* qui est d'une bonté parfaite
* si vous saviez combien il me déplaît
* intention

* m'attaque si fort

XI. LE DÉBAT DU CŒUR
ET DU CORPS DE VILLON

Qu'est ce que j'oi ? — Ce suis-je * ! — Qui ?   * c'est moi
  — Ton cœur
Qui ne tient mais qu'à un petit filet :
Force n'ai plus, substance ne liqueur,
Quand je te vois retrait * ainsi seulet   * retiré
5 Com pauvre chien tapi en reculet.
  — Pour quoi est-ce ? — Pour ta folle
  plaisance.
  — Que t'en chaut-il ? — J'en ai la déplai-
  sance.
  — Laisse-m'en paix. — Pour quoi ? — J'y
  penserai.
  — Quand sera-ce ? — Quand serai hors
  d'enfance.
10 Plus ne t'en dis. — Et je m'en passerai *.   * je m'en
                                                 contenterai

  — Que penses-tu ? — Être homme de
  valeur.
  — Tu as trente ans — C'est l'âge d'un mulet
  — Est-ce enfance ? — Nenni. — C'est donc
  foleur
Qui te saisit ? — Par où ? Par le collet ?
15 Rien ne connois. — Si fais. — Quoi ? —
  Mouche en lait ;

L'un est blanc, l'autre est noir, c'est la
    distance *.   * *différence*
— Est-ce donc tout ? — Que veux-tu que je
    tance * ?   * *dispute*
Se n'est assez, je recommencerai.
— Tu es perdu ! — J'y mettrai résistance.
20 Plus ne t'en dis. — Et je m'en passerai.

— J'en ai le deuil ; toi, le mal et douleur.
Se fusses un pauvre idiot et folet,
Encore eusses de t'excuser couleur * :   * *motif, pré-*
Si * n'as-tu soin, tout t'est un, bel ou laid.   *texte*
                                                         * *mais, pour-*
25 Ou la tête as plus dure qu'un jalet *,   *tant*
Ou mieux te plaît qu'honneur cette   * *galet*
    méchance * !   * *déchéance*
Que répondras à cette conséquence * ?   * *déduction*
— J'en serai hors quand je trépasserai.
— Dieu, quel confort ! Quelle sage élo-
    quence !
30 — Plus ne t'en dis. — Et je m'en passerai.

— Dont vient ce mal ? — Il vient de mon
    malheur.
Quand Saturne me fit mon fardelet *,   * *petit fardeau*
Ces maux y mit, je le croi. — C'est foleur :
Son seigneur es, et te tiens son varlet.
35 Vois que * Salmon écrit en son rolet ** ;   * *ce que*
« Homme sage, ce dit-il, a puissance   ** *livret*
Sur planètes et sur leur influence [1]. »
— Je n'en crois rien : tel qu'ils m'ont fait
    serai.
— Que dis-tu ? — Da * ! certes, c'est ma   * *Oui*
    créance.
40 Plus ne t'en dis. — Et je m'en passerai.

1. *Sagesse*, VII, 17-19.

— Veux-tu vivre ? — Dieu m'en doint * la   * donne
puissance !
— Il le faut... — Quoi ? — Remords de
conscience,
Lire sans fin. — En quoi ? — Lire en
science,
Laisser les fous ! — Bien j'y aviserai.
45 — Or le retiens ! — J'en ai bien souve-
nance.
— N'attends pas tant que tourne à déplai-
sance.
Plus ne t'en dis — Et je m'en passerai.

XII. PROBLÈME

OU

BALLADE DE LA FORTUNE

Fortune fus par clercs jadis nommée,
Que toi, François, crie et nomme mur-
    trière,
Qui n'es homme d'aucune renommée.
Meilleur que toi fais user en plâtrière,
Par pauvreté, et fouïr* en carrière ;   * creuser
6 S'à honte vis, te dois-tu doncques plaindre ?
Tu n'es pas seul ; si ne te dois complaindre.
Regarde et vois de mes faits de jadis,
Maints vaillants homs par moi morts et
    roidis ;
Et n'es, ce sais, envers eux un souillon*.   * valet de cui-
Apaise-toi, et mets fin en tes dits.   sine
12 Par mon conseil prends tout en gré, Villon !

Contre grands rois me suis bien animée,
Le temps qui est passé ça en arrière :
Priam occis et toute son armée,
Ne lui valut tour, donjon ne barrière ;
Et Hannibal demoura-il derrière* ?   * en reste
18 En Carthage par Mort le fis atteindre ;

Et Scipion l'Afriquan fis éteindre ;
Jules César au Sénat je vendis ;
En Egypte Pompée je perdis ;
En mer noyai Jason en un bouillon * ;   * tourbillon
Et une fois Rome et Romains ardis *.   * incendiai
24 Par mon conseil prends tout en gré, Villon !

Alixandre, qui tant fit de hemée *,   * bataille
Qui voulut voir l'étoile poussinière *,   mêlée
Sa personne par moi fut envlimée * ;   * la constella-
Alphasar roi, en champ, sur sa bannière   tion des
Rué jus mort. Cela est ma manière,   Pléiades
                                               * empoisonnée
30 Ainsi l'a fait, ainsi le maintiendrai * :   * continuerai
Autre cause ne raison n'en rendrai.
Holofernes l'idolâtre maudis,
Qu'occit Judith (et dormoit entandis * !)   * pendant ce
De son poignard, dedans son pavillon * ;   temps
Absalon, quoi ? en fuyant * le pendis.   * tente
                                               * alors qu'il
36 Par mon conseil prends tout en gré, Villon ! fuyait

Pour ce, François, écoute que * te dis :   * ce que
Se rien * pusse sans Dieu de Paradis,   * quelque
A toi n'autre ne demourroit haillon,   chose
Car, pour un mal, lors j'en feroie dix.
41 Par mon conseil prends tout en gré Villon !

XIII. QUATRAIN

Je suis François, dont il me poise,
Né de Paris emprès Pontoise,
Et de la corde d'une toise *
Saura mon col que * mon cul poise.

grâce à une corde de la longueur d'une toise
ce que

XIV. L'ÉPITAPHE DE VILLON

EN FORME DE BALLADE

Frères humains qui après nous vivez,
N'ayez les cœurs contre nous endurcis,
Car, se pitié de nous pauvres avez,
Dieu en aura plus tôt de vous mercis.
5 Vous nous voyez ci attachés cinq, six :
Quand de la chair que trop avons nourrie,
Elle est piéça * devorée ** et pourrie,   *depuis long-
Et nous, les os, devenons cendre et pou-   temps
dre *.   ** détruite
De notre mal personne ne s'en rie ;   * poussière
10 Mais priez Dieu que tous nous veuille
absoudre !

Se frères vous clamons, pas n'en devez
Avoir dédain, quoique fûmes occis
Par justice. Toutefois, vous savez
Que tous hommes n'ont pas bon sens
rassis ;
15 Excusez-nous, puisque sommes transis *,   * trépassés
Envers le fils de la Vierge Marie,
Que sa grâce ne soit pour nous tarie,
Nous préservant de l'infernale foudre.
Nous sommes morts, âme ne nous harie *,   * que personne
20 Mais priez Dieu que tous nous veuille   ne nous
absoudre !   moleste

La pluie nous a débués * et lavés,   * lessivés
Et le soleil desséchés et noircis ;
Pies, corbeaux, nous ont les yeux cavés *,   * creusés
Et arraché la barbe et les sourcils.
25 Jamais nul temps nous ne sommes assis ;
Puis çà, puis là, comme le vent varie,
A son plaisir sans cesser nous charrie,
Plus becquetés d'oiseaux que dés à coudre.
Ne soyez donc de notre confrérie ;
30 Mais priez Dieu que tous nous veuille
    absoudre !

Prince Jésus, qui sur tous a maîtrie,
Garde qu'Enfer n'ait de nous seigneurie :
A lui n'ayons que faire ne que soudre *.   * avec lui
Hommes, ici n'a point de moquerie ;   n'ayons rien à
35 Mais priez Dieu que tous nous veuille   faire ni à payer
    absoudre !

XV. LOUANGE À LA COUR

OU

REQUÊTE À LA COUR DE PARLEMENT

Tous mes cinq sens : yeux, oreilles et
    bouche,
Le nez, et vous, le sensitif * aussi,   * le toucher
Tous mes membres où il y a reprouche,
En son endroit * un chacun die ainsi :   * de son côté
5 « Souvraine Cour *, par qui sommes ici,   * Parlement
Vous nous avez gardé de déconfire *.   * de la ruine
Or la langue seule ne peut souffire
A vous rendre suffisantes louanges ;
Si parlons tous, fille du Souvrain Sire,
10 Mère des bons et sœur des benoîts *   * bienheureux,
    anges ! »   saints

Cœur, fendez-vous, ou percez d'une
    broche,
Et ne soyez, au moins, plus endurci
Qu'au désert fut la forte bise roche
Dont le peuple des Juifs fut adouci :
15 Fondez larmes et venez à merci ;
Comme humble cœur qui tendrement sou-
    pire,
Louez la Cour, conjointe au Saint Empire,
L'heur des François, le confort des
    étranges *,   * étrangers

Procréée lassus ou ciel empire*,   * *dans l'empy-*
20 Mère des bons et sœur des benoîts anges !   *rée*

Et vous, mes dents, chacune si s'éloche* ;   * *s'ébranle*
Saillez avant, rendez toutes merci*,   * *dites toutes*
Plus hautement qu'orgue, trompe, ne   *merci*
    cloche,
Et de mâcher n'ayez ores souci ;
25 Considérez que je fusse transi*,   * *trépassé*
Foie, poumon et rate, qui * respire ;   * *qui mainte-*
Et vous, mon corps, qui vil êtes et pire   *nant respire*
Qu'ours ne pourceau qui fait son nid ès
    fanges,
Louez la Cour, avant qu'il vous empire,
30 Mère des bons et sœur des benoîts anges !

Prince, trois jours ne veuillez m'écondire*,   * *me refuser*
Pour moi pourvoir et aux miens adieu dire ;
Sans eux argent je n'ai, ici n'aux changes*,   * *banques*
Cour triomphant, *fiat**, sans me dédire,   * *dites :*
35 Mère des bons et sœur des benoîts anges !   « *d'accord* »

XVI. QUESTION AU CLERC DU GUICHET

OU

BALLADE DE L'APPEL

Que vous semble de mon appel,
Garnier ? Fis-je sens ou folie ?
Toute bête garde sa pel ;
4 Qui la contraint, efforce * ou lie,
S'elle peut, elle se délie.
Quand donc par plaisir volontaire *
Chantée me fut cette homélie *,
8 Étoit-il lors temps de moi taire ?

Se fusse des hoirs Hue Capel *
Qui fut extrait de boucherie,
On ne m'eût, parmi ce drapel *,
12 Fait boire en cette écorcherie *.
Vous entendez bien joncherie * ?
Mais quand cette peine arbitraire
On me jugea par tricherie,
16 Étoit-il lors temps de moi taire ?

Cuidiez-vous que sous mon capel *
N'y eût tant de philosophie
Comme de dire : « J'en appel ? »
20 Si avoit *, je vous certifie,
Combien que point trop ne m'y fie.
Quand on me dit, présent notaire :
« Pendu serez ! » je vous affie *,
24 Étoit-il lors temps de moi taire ?

maîtrise

par décision arbitraire
jugement qui condamnait le poète à la pendaison
si j'avais été des héritiers d'Hugues Capet
à travers ce linge
cet abattoir, ce lieu de torture
tromperie, langage à double sens

chapeau

Si, il y en avait assez

affirme, assure

Prince, se j'eusse eu la pépie *,
Piéça je fusse où est Clotaire,
Aux champs debout comme une épie *.
28 Étoit-il lors temps de moi taire ?

* i.e. si j'étais
resté muet
* un épouvan-
tail (ou un
épieur de che-
mins)

DOSSIER

VIE DE VILLON

1431 ou 1432. Naissance, dans une famille pauvre d'origine
bourbonnaise, de François de Montcorbier qui deviendra
François Villon.

Procès et exécution le 30 mai 1431 de Jeanne d'Arc,
martyre pour les uns, démoniaque sanguinaire pour les
autres. Dans Paris toujours occupé par les Anglais, Henri VI
se fait sacrer roi de France le 16 décembre. Vie chère et
exode. La Seine, en 1432, déborde et gèle. Mort de deux
grands poètes, Christine de Pisan et Alain Chartier.

1432-1442. Villon, qui vit dans le quartier des Célestins, est très
tôt orphelin de père. Il est présenté à Guillaume de Villon,
chapelain de Saint-Benoît-le-Bétourné, son « plus que
père », qui lui donne nom, culture, vie sociale, vie religieuse,
affection.

Temps difficiles : épidémies de peste, rudes hivers, pillages
des Anglais, des Armagnacs et des brigands, mutation des
monnaies (1436), famines, loups aux abords de Paris. En
1435, traité d'Arras qui réconcilie Charles VII et le duc de
Bourgogne. En 1436, fin de l'occupation anglaise à Paris,
retour du roi et des bannis. Ascension de Jacques Cœur. En
1440, procès de Gilles de Rais, délivrance de Charles
d'Orléans prisonnier en Angleterre depuis 1415 ; Praguerie
qui dresse le Dauphin Louis contre son père Charles VII. En
1441-1442, grèves de l'Université et du Parlement.

1443-1452. Villon suit les cours de la Faculté des Arts.

En 1443, il s'inscrit à la Faculté des Arts. En 1444, grève de
l'Université dont on avait voulu soumettre les suppôts à une
taille. En 1445, épidémie de petite vérole ; un prédicateur
exceptionnel de vingt et un ans, Jean Crété, attire les foules,
que fait oublier, l'année suivante, Hernan de Cordoue, si

prodigieux en tout qu'on le prend pour l'Antéchrist. En 1446, règlement sur les ribaudes. En 1447, le Dauphin Louis, brouillé avec son père, se réfugie en Dauphiné.

En mars 1449, Villon est reçu bachelier de la Faculté des Arts. Cette année-là, rétablissement de la papauté unique et entrée de Charles VII à Rouen.

En 1450, Gutenberg ouvre un atelier d'imprimerie à Mayence ; de Van der Weyden, *Le Jugement dernier* et de J. Fouquet le *Livre d'heures d'E. Chevalier.* en 1451, arrestation de J. Cœur.

En 1452, entre le 4 mai et le 26 août, Villon est licencié et maître ès arts. Réforme de l'Université de Paris par le cardinal d'Estouteville.

1453-1455. Villon participe à des chahuts de plus en plus audacieux d'étudiants qui enlèvent des bornes (comme celle du Pet-au-Diable), dérobent et marient des enseignes, volent des crochets aux bouchers. Bagarres avec la police si bien que, le 9 mai 1453, un étudiant est tué : suspension des cours et des prédications. Villon hante les tavernes et les filles. En 1453, Charles VII reconquiert la Gascogne, Mehmet II s'empare de Constantinople. De Donatello, la statue du *Gattamelata*. En 1454, évasion de J. Cœur qui se réfugie à Rome.

5 juin 1455. Pris à partie par un prêtre, Philippe Sermoise, Villon le blesse mortellement, de son épée d'abord, puis avec une grosse pierre ; il s'enfuit après s'être fait panser sous le nom de Michel Mouton. Se cache-t-il alors à Bourg-la-Reine, chez le barbier Perrot Girart ?

Est-ce notre poète qui alors dépouille de ses biens le régent de la Faculté des Arts, Jean Dejean ? Il est difficile de l'affirmer : le document ne porte que le nom de Villon, qui a pu être le surnom d'un autre malfaiteur.

1456. En janvier, il obtient des lettres de rémission pour le meurtre de Sermoise. Réhabilitation de Jeanne d'Arc. De Paolo Uccello, *La Bataille de San Romano.* Durant la nuit de Noël, Villon prend part à un vol de cinq cents écus d'or au Collège de Navarre, en compagnie de Colin de Cayeux, de Gui Tabarie, d'un moine picard, Damp Nicolas, et de Petit Jean. Villon prétend avoir écrit à cette date *Le Lais.*

1457. Villon s'éloigne de Paris, tout de suite après le vol, ou quand celui-ci est découvert (mars 1457). Les 9 et 10 mars, commencement de l'enquête. En mai, Pierre Marchand, curé de Paray près de Chartres et peut-être indicateur de police, fait parler Tabarie qui lui raconte en détail le cambriolage et lui révèle que, le forfait commis, Villon s'est dirigé vers Angers pour voler un religieux.

1457-1461. Vie errante de Villon dont il est impossible de reconstituer l'itinéraire, mais qui passa sans doute par les cours de Blois (composition du célèbre *Je meurs de soif auprès de la fontaine,* à l'occasion d'un concours poétique, et du *Dit de la naissance de Marie d'Orléans*) et de Bourbon, où il aurait obtenu quelques subsides. Il est sans doute affilié à un gang de malfaiteurs, les Coquillards, comme ses amis Colin de Cayeux et Regnier de Montigny : il écrit même dans leur argot des ballades assez complexes pour qu'on y découvre plusieurs sens. Arrêté au milieu de 1478, Tabarie, torturé, fait des aveux circonstanciés, en particulier sur la participation de Villon au vol. Durant l'été, Villon subit une rigoureuse captivité et la question par l'eau dans la geôle de l'évêque d'Orléans, Thibaut d'Aussigny, à Meung-sur-Loire. Peut-être écrit-il alors l'*Épître à ses amis* et *Le Débat du cœur et du corps.* Le 2 octobre, il est libéré à l'occasion du passage dans la ville du nouveau roi Louis XI qui vient de succéder à Charles VII. Il commence la composition du *Testament* qu'il poursuit l'année suivante.

1462. Il regagne Paris. En novembre, il est inculpé de vol et incarcéré au Châtelet. Il est élargi le 7 novembre, après avoir promis de rembourser cent vingt écus d'or du vol au Collège de Navarre. A la fin du même mois, il est impliqué dans une bagarre au cours de laquelle le notaire pontifical, Ferrebouc, qui s'occupa de l'affaire du Collège de Navarre, reçoit un coup d'épée de Robin Dogis. Villon, arrêté et torturé, est condamné à être pendu. Il interjette appel.

1463. Le 5 janvier, le Parlement casse le jugement, mais bannit Villon pour dix ans de la ville, prévôté et vicomté de Paris. Dans sa *Louange à la Cour,* il remercie les membres du Parlement en vers ampoulés et demande un délai de trois jours pour régler ses affaires ; dans la *Question au clerc du guichet,* il se félicite d'en avoir appelé d'une sentence injuste. Puis il disparaît sans qu'on sache où, quand, comment il mourut. La légende s'empare de lui, imposant l'image d'un Villon buveur, voleur, trompeur et farceur dans des œuvres comme *Les Repues franches,* la *Grant Deablerie* d'Éloi d'Amerval, les *Mémoires* de Ph. de Vigneulles, la *Vie et trespassement de Caillette* et toutes sortes de testaments, *La Légende de Maistre Pierre Faifeu* de Bourdigné et surtout dans le *Pantagruel* et *Le Quart Livre* de Rabelais.

1489. Pierre Levet publie la première édition imprimée des œuvres du poète, qui est reproduite au moins neuf fois avant 1500 et plus de vingt fois avant 1533.

NOTICE

I. LES MANUSCRITS

Les manuscrits les plus complets de Villon (mais aucun ne contient tous les textes qui lui sont attribués) sont les suivants :

Manuscrit A, de la fin du xvᵉ siècle, à la Bibliothèque de l'Arsenal (Paris) nᵒ 3523 ;

Manuscrit B, postérieur à 1464, à la Bibliothèque nationale (Paris), fonds français, nᵒ 1661 ;

Manuscrit C, dit manuscrit Coislin, de la seconde moitié du xvᵉ siècle, à la Bibliothèque nationale (Paris), fonds français, nᵒ 20041.

Manuscrit F, dit manuscrit Fauchet, de peu antérieur à 1480, à la Bibliothèque royale de Stockholm, V u.22, ms. fr. LIII. Nous ne possédons aucun manuscrit autographe de Villon, sauf peut-être, dans un recueil exécuté sous la direction de Charles d'Orléans (Bibliothèque nationale de Paris, fonds français, nᵒ 25458), trois pièces, *Le Dit de la naissance de Marie d'Orléans,* la *Ballade du Concours de Blois,* et une ballade *Parfont conseil, exinium* dont il est difficile d'attribuer la paternité à Villon.

II. LES PRINCIPALES ÉDITIONS

Au xvᵉ siècle :

Édition publiée par P. Levet en 1489 sous le titre *Le Grant Testament Villon et le petit. Son Codicille. Le Jargon et ses ballades.* On l'appelle L'*Imprimé.* Il en existe deux exemplaires à la Bibliothèque nationale de Paris, Réserve, Y^e 245 et Y^e 238.

Au XVIe siècle :

Édition de Clément Marot chez Galiot du Pré en 1533 : *Les œuvres de françoys villon de Paris, reveues et remises en leur entier par Clement Marot, Valet de chambre du roy.*

Au XIXe siècle :

Éditions de J. H. R. Prompsault en 1832 et 1835.

Au XXe siècle :

Édition d'A. Longnon, dans les *Classiques français du Moyen Age* (Paris, Champion, 1911) qui est une reprise de la première édition parue dans la collection Lemerre, et qui a été revue et corrigée par L. Foulet en 1914, 1923, 1932.

Édition commentée de L. Thuasne (Paris, Picard, 1923) en trois volumes.

Édition de J. Rychner et A. Henry, *Le Testament Villon*, 2 vol. (Genève, Droz, 1974) ; *Le Lais Villon et les Poèmes variés*, 2 vol. (Genève, Droz, 1977).

Édition de J. Dufournet, *François Villon, Poésies* (Paris, Imprimerie nationale, 1984).

[Pour d'autres renseignements, voir J. Dufournet, *Villon et sa fortune littéraire* (Saint-Médard-en-Jalles, Ducros, 1970) p. 144-149.]

III. ÉTABLISSEMENT DU TEXTE

1. Pour faciliter la lecture du poète, nous avons modernisé les graphies — fort bigarrées et anarchiques au XVe siècle, où la relatinisation du français avait introduit beaucoup de lettres parasites — à l'exception de *oi* à l'imparfait et dans quelques mots, pour des raisons de rime, et de la ballade en vieux français, exercice de style curieux où Villon a tenté, commettant nombre de fautes, d'imiter la langue des XIIe et XIIIe siècles ; nous avons introduit ponctuation et accents, absents dans les manuscrits du Moyen Age ; nous avons conservé les titres habituels dont la plupart sont postérieurs à Villon, voire aux plus anciens manuscrits.

2. En revanche, afin d'améliorer le texte, nous avons recouru au meilleur manuscrit, le ms. C, dont nous nous sommes servis pour *Le Testament* et pour *Le Lais,* quitte à utiliser, pour ce dernier, le ms. B quand il y avait lacune dans C. En effet, les spécialistes sont maintenant d'accord pour rejeter les textes composites, fondés sur plusieurs manuscrits et, partant, sur un choix arbitraire de l'éditeur moderne, et pour suivre de très près,

sauf en de rares cas, le manuscrit qui aura été reconnu le meilleur après un examen approfondi et minutieux ; en plus d'un passage, ils remarqueront, par rapport aux précédentes éditions, des modifications sensibles qui tiennent compte des recommandations des exégètes les plus qualifiés et qui surtout s'appuient sur une lecture scrupuleuse du manuscrit adopté. Par exemple, l'on notera que, dans la truculente ballade pour l'âme de Jean Cotart, le ms. C offre, au vers 1257, une expression argotique, *pour la pie juchier,* « pour avoir trop bu », qui crée une dissonance riche de sens ; au vers 861, une variante orthographique de « cahier », *cayeulx,* qui est aussi le nom du mauvais génie de Villon et de son complice lors du vol au Collège de Navarre, Colin de Cayeux ; au vers 1142, la forme *Trouscaille,* déformation malicieuse du nom propre *Trascaille ;* ou encore l'adjonction, au vers 1026, du démonstratif *ce* qui fait de *reau* un monosyllabe homonymique. L'on est surpris de voir que le ms. C ne comporte pas, au v. 273, le fameux *Pauvre je suis de ma jeunesse,* mais *Pour ce que je suis de ma jeunesse.* Pour tous les passages où nous n'avons pu conserver le texte du manuscrit de base, nous nous en justifierons dans notre édition critique et nous avons mis des crochets pour signaler les ajouts.

3. Comme Villon est un poète difficile par sa langue, le moyen français, car beaucoup de mots ont changé de signification au cours des cinq derniers siècles, par ses allusions historiques et géographiques — c'est la poésie du Paris des années 1440-1462 —, par ses procédés, comme l'antiphrase et la polyvalence sémantique ou syntaxique, nous nous sommes efforcé d'aider le lecteur de deux manières, en mettant à la droite du texte le sens de nombreux mots pour dispenser du recours au lexique, en donnant à la fin du volume un index complet et détaillé des noms propres et l'explication de quelques mots de civilisation, le plus souvent à double entente. Ainsi le lecteur pourra soit se contenter du sens immédiat des vers, soit, par l'utilisation de l'index, pénétrer plus profondément dans l'univers de Villon.

IV. LA FORTUNE LITTÉRAIRE DE VILLON

1. L'œuvre de Villon connut un très grand succès à la fin du XVᵉ siècle et au début du XVIᵉ, mais, arbitrairement simplifiée, réduite à son aspect le plus grossier, augmentée de pièces comiques comme *Les Repues franches, Le Monologue du Franc Archer de Bagnolet, Le Dialogue de Messieurs de Malepaie et Baillevent,* elle imposa l'image d'un joyeux drille, farceur, buveur, voleur et trompeur, dont le poète lui-même est, pour une part,

responsable : n'achève-t-il pas en particulier son *Testament* par des forfanteries qui visent à masquer sa désespérance, jurant *sur son couillon* et vidant un verre de vin morillon ? Ce goliard, plein de gaieté et de santé, sans rien de tragique, habile à *farcer* — à jouer la farce et à faire des farces —, imité dans de nombreux testaments et dans des œuvres grossières comme *La Légende de Maître Pierre Faifeu* (1532), est surtout le héros de Rabelais qui, pour créer Panurge, a emprunté quelques traits à sa légende. Bien plus, dans *Pantagruel* (XXX), Villon qui se trouve aux enfers en compagnie de Pathelin, de Jean Lemaire de Belges et du Franc Archer de Bagnolet, pisse dans le baquet de moutarde de Xerxès ; dans *Le Quart Livre,* déguisé en diable, il se venge cruellement de frère Tappecoue qui avait refusé de lui prêter des habits pour jouer le mystère de la Passion ; ailleurs, humoriste patriote, il félicite le roi d'Angleterre, dont il est devenu le familier, d'avoir suspendu dans son retrait les armoiries de France : ainsi le prince qui, à leur vue, est aussitôt pris de coliques, ne sera-t-il plus jamais constipé.

2. Clément Marot inaugura une ère nouvelle : non seulement il publia une remarquable édition des œuvres de Villon, mais encore il lui reconnut un *gentil entendement,* l'art d'exprimer sa pensée en formules bien frappées et de « proprement décrire », de l'habileté technique autant que de saines maximes et des développements judicieux ; surtout, il loua *la veine belle et héroïque* des ballades — vue singulièrement originale à un moment où Villon n'était qu'un malicieux pipeur — et confessa sa dette envers le pionnier d'une poésie légère et satirique qu'il invita à imiter.

Appel sans écho : la Pléiade négligea Villon autant que Rabelais, et Étienne Pasquier reprocha à Marot d'avoir admiré le « savoir qui ne gisoit qu'en apparence » d'un maître expert surtout en friponneries. G. Colletet est aussi sévère pour un misérable dont la pauvreté explique les méfaits, pour un « vieux et lasche poëte qui a des sentimens si bas » et n'a à son actif que son patriotisme et quelques ballades. Aussi est-on étonné de la mention brève et favorable de Boileau qui sans doute ne l'avait pas lu, accumulant plusieurs contre-vérités, mais qui, sous l'influence de Patru et peut-être de La Fontaine, voyait en Villon un « ancêtre pauvre de Malherbe ». Si l'on continue à lui consacrer des notices, on ne le lit guère : aucune réédition pendant la seconde moitié du XVIe siècle et tout le XVIIe. Mais son image a insensiblement changé, puisqu'on insiste alors sur son badinage élégant qui tient le milieu entre l'agréable et le bouffon, on parle de son style naturel, naïf, voire moderne, on oublie la légende du farceur.

Villon n'est pas encore sorti de son purgatoire, à en juger d'après Sainte-Beuve, demeuré étranger au mauvais garçon tant en 1828 dans son *Tableau historique et critique de la poésie française* qu'en 1859 quand il rendit compte de la thèse d'A. Campaux : selon lui, on a exagéré, comme on l'a fait pour Rabelais et d'Aubigné, la valeur de l'œuvre gothique, bizarre, inachevée d'un poète mineur qui a produit quelques roses au milieu de nombreuses épines, d'un porte-talent à qui l'on aurait tort de prêter trop de mélancolie ou des cris de damné, et qui ne mérite pas d'être comparé à Byron ni aux Don Juan modernes.

3. Les éditions en 1832 et 1835 de l'abbé Prompsault permirent aux classiques et aux romantiques de relire le poète. Si pour Michelet Villon est tour à tour un écrivain supérieur et universel (1833), le chantre mélancolique d'un déclin (1844), un exemple parfait et abhorré de la bourgeoisie et de la frivolité (1855) dont les tristes gaietés sont les indices d'une inéluctable décadence, en revanche, l'étude verveuse de Gautier témoigne une amicale sympathie — attisée par la curiosité du nouveau et du mineur et par le goût de la bohème un peu crapuleuse — pour une œuvre de second ordre dont la lecture récréative révèle une foule d'usages et de types amusants ou singuliers, pour un homme malchanceux demeuré accessible au respect filial et à la pitié, pour un écrivain novateur riche de ces trouvailles que les classiques rejettent avec dégoût, « le grotesque, le fantasque, le trivial, l'ignoble, la saillie hasardeuse, le mot forgé, le proverbe populaire, la métaphore hydropique, enfin tout le mauvais goût avec ses bonnes fortunes... » Mais les romantiques ne s'intéressèrent pas (ou peu) à Villon, rebutés sans doute par son mépris de la nature et les aventures sordides d'un filou qui se complaisait dans la débauche, le proxénétisme et la grossièreté : Victor Hugo, qui ne le cite pas dans *William Shakespeare* parmi les quatre-vingt-seize grands poètes du monde, lui préféra, dans *Notre-Dame de Paris,* Gringore comme organisateur de spectacle ; plus tard, il est vrai, Villon finira par représenter à ses yeux un certain goût supérieur dans le maniement de l'argot.

En fait, entre 1828 et 1873, desservi par sa mauvaise réputation et l'obscurité de son texte, puis par le dégoût que la fin du Moyen Age, mieux connue, inspira par sa grossièreté et son immoralité, le poète, ignoré de la plupart des romantiques, observé par Gautier comme un objet curieux, stigmatisé par Michelet, ne fut exalté que par un néo-classique, D. Nisard (1844), qui, pour défendre l'autorité de Boileau et la tradition nationale, fit de Villon le poète de la vraie nation ; par un universitaire fougueux, A. Campaux, qui lui consacra une thèse (1859) ; par un admirateur des prouesses techniques, Théodore de Banville, qui, lui empruntant des titres, des formes poétiques, des formules et des mots, des thèmes et des rimes, composa, entre 1861 et 1873, *Trente-six ballades joyeuses pour passer le temps, composées à la manière de François Villon,*

excellent poète qui a vécu sous le règne du roi Louis le onzième,
ballades au total fort peu villoniennes ; enfin, par un lycéen
révolté, A. Rimbaud, qui, en classe de rhétorique (1870), dans une
*Lettre de Charles d'Orléans à Louis XI pour solliciter la grâce de
Villon menacé de la potence,* réussit un excellent pastiche où
François est un pur poète qui n'appartient pas à ce monde, un fol
enfant qui a « des rimes plein l'âme ».

4. En 1873, les publications d'A. Longnon, qui nous donna
d'autre part la meilleure édition des œuvres, révélèrent que le
poète avait tué le prêtre Sermoise en 1455 et cambriolé le Collège
de Navarre en 1456. Elles suscitèrent des articles et des livres
contradictoires. R. L. Stevenson, qui cherchait peut-être à exorci-
ser en lui-même le diable de la bohème, ne fut pas tendre pour ce
gibier de potence captif de sa propre ordure, pour ce mendiant de
profession et ce cruel gamin des rues qui arrive avec des pleurs et
s'en va avec des sarcasmes en faisant le pied de nez, pour ce génie
coiffé de la casquette des mauvais garçons, pour ce chien
inquiétant qui se livre à des gambades dans un cortège funèbre.
Villon est, pour Marcel Schwob (1867-1905), l'homme de la
duplicité et du mensonge dont *Le Testament,* pamphlet contre les
riches, comporte beaucoup de passages à double sens, et, pour
Gaston Paris (1901), un poète bourgeois, proche de Heine sans
l'atteindre, qui se montre à nous tout entier, demeuré enfant par
sa faiblesse et sa mobilité et, de ce fait, excusable, passant du
pathétique au bouffon avec l'imprévu qui caractérise les vrais
humoristes. A. Suarès répondit à M. Schwob dans deux articles
très pénétrants (1913 et 1914) : Villon, lucide et sincère, est un
témoin de soi-même que n'aveuglent pas les passions, si elles le
privent de liberté, et qui se juge sans s'épargner, admirable pour
voir et faire voir autrui et lui-même, ajoutant son âme à la
peinture.

Si tant de découvertes et d'analyses eurent leur aboutissement
dans les sommes de P. Champion (1913), qui révéla le procédé de
l'antiphrase et s'appliqua à faire connaître les milieux que traversa
Villon, et de Louis Thuasne (1923), qui reproduisit l'ambiance
parlée et écrite du Moyen Age, si les éditions se multiplièrent,
ainsi que les études en France et à l'étranger, en particulier en
Russie et en Allemagne, si les médecins examinèrent le cas de
François et le taxèrent de dromomanie, de claustrophobie et
d'alopécie congénitale (R. Yve-Plessis, 1925), les romanciers des
escarpes annexèrent le poète, débauché, maquereau et cambrio-
leur, tels Fr. Carco, selon qui, caractérisé par un fond constant de
sensibilité qui le pousse à aimer, à souffrir d'être rejeté par autrui,
à s'abandonner aux larmes et à l'apitoiement sur soi-même, Villon
change brusquement d'humeur, écœuré par ses sordides aventures

mais fasciné par le mal et la chute, et Pierre Mac Orlan, qui voit en lui un bandit de pacotille, petit coquin assez mou, sans rien d'une belle âme, ni révolté, ni révolutionnaire, mais tendre poète des pauvres.

5. La décennie qui suivit 1930 marqua une nouvelle étape, capitale, dans l'étude de Villon. F. Desonay (1933), en réaction contre le romantisme de la pègre, signala que, plus que l'ami des Margot, le poète était surtout le disciple de Saint-Benoît-le-Bétourné, clérical par ses amours, ses haines, ses goûts, ses préjugés, sa culture, ses démêlés avec la justice ecclésiastique et ses méfaits. L'année suivante, I. Siciliano remettait en question bien des lieux communs : Villon n'a pas connu tous les personnages dont il parle, pas plus qu'il ne rit en pleurs, en proie à des sentiments contradictoires, tendresse et cynisme, piété et obscénité : il a pleuré après avoir ri ; l'architecture actuelle du *Testament* ne correspond pas à la chronologie de la création poétique, ni ne restitue l'itinéraire de Villon : la seconde moitié (du vers 729 à la fin) serait la plus ancienne, composée avant 1461, tandis que la première moitié, les *Regrets*, serait la plus récente, œuvre d'un pauvre diable, désespéré et malade, attiré par le suicide, seul, vieilli. Surtout, Villon vit dans le Moyen Age dont il ne sort pas : il en a l'ignorance et la science, il y puise les procédés, les thèmes, la matière, l'esprit même de la poésie ; il vit plus particulièrement dans le XVe siècle, temps des petits chefs-d'œuvre, avec sa grande rhétorique, sa tristesse et ses petites misères, son goût de l'équivoque et de la parodie.

6. Les écrivains continuent à s'interroger et à écrire sur Villon : Valéry, P. Emmanuel, A. Arnoux, A. Gide, Bl. Cendrars, M. Fombeure, Ph. Soupault, P. Éluard, A. Vidalie, A. Vialatte ; mais c'est T. Tzara, dont le travail est connu surtout par une analyse de P. Le Gentil (1967), qui a tenté de renouveler le plus profondément alors la critique de Villon : il nous a invités à dépasser les apparences pour découvrir une œuvre plus complexe, construite sur des anagrammes qui, déchiffrées, permettent de reconstituer les péripéties d'un amour déçu et d'attribuer à Villon *L'Embusche Vaillant,* très injurieuse pour Catherine de Vausselles.

David Kuhn (1967) a cherché surtout à dégager la profondeur philosophique du *Testament* où, transformé par l'expérience de Meung-sur-Loire et la relecture de la seconde partie du *Roman de la Rose,* Villon, se rattachant à un courant chartrain représenté par Alain de Lille, Jean de Meun et Rabelais, se constitue le porte-parole de la Nature contre la perversion générale, le champion de la fécondité, de la justice, du flux vital, de *l'acte triomphallique d'amour* contre les forces de la Mort : stérilité, avarice, pédérastie, mensonge, injustice, symbolisées par Thibaut d'Aussigny. De notre côté, en 1967-1968, nous nous sommes attaché à déceler les jeux du langage, la polyvalence sémantique et l'ambiguïté syntaxique en particulier, sans être aussi systématique que Pierre Guiraud qui s'est d'abord intéressé (en 1968) aux six ballades en argot de l'édition Levet où il a découvert un ensemble cohérent « sur les jeux de la Mort, du Hasard ou de l'Amour, ou les dangers de la Coquille » et dont chacune comporterait trois versions, la première, la plus claire, concernant les activités des criminels jetés en prison et pendus, la seconde relative aux joueurs qui trichent par tous les moyens, la troisième se rapportant aux tricheries de l'amour pédérastique. Allant encore plus loin dans *Le Testament de Villon ou le gai savoir de la Basoche* (1970), P. Guiraud décompose la plupart des noms propres pour démontrer qu'il s'agit d'une comédie du Palais, qui serait aussi une comédie des testicules en goguette et dénoncerait des individus hargneux ; en outre, *Le Testament,* dirigé contre les milieux judiciaires de Paris, serait non pas une autobiographie, mais l'œuvre d'un rhétoriqueur, originaire de l'est de la France, qui se serait emparé du nom de Villon et aurait fait de lui le protagoniste de sa comédie.

Mais il est bon que le dernier mot soit aux poètes et aux chanteurs, nombreux à l'évoquer, comme Léo Ferré *(La Poésie fout l' camp, Villon)* et surtout G. Brassens qui a illustré nombre de thèmes chers à Villon, recouru à l'équivoque et au jeu de mots, disloqué les clichés, mêlé les styles, mais a aussi composé toutes sortes de variations autour de la *Ballade des Dames du temps jadis* qu'il a mise en musique et chantée.

V. BIBLIOGRAPHIE

P. Morabito, *Bibliografia villoniana,* dans G. A. Brunelli, *François Villon,* p. 201-298, Milan, Marzorati, 1961.

J. Dufournet, *Villon et sa fortune littéraire,* Saint-Médard-en-Jalles, Ducros, 1970.

VI. COMMENTAIRES

L. Thuasne, dans l'édition citée plus haut.

J. Dufournet, *Recherches sur le Testament de Fr. Villon,* Paris, SEDES, 2ᵉ éd., 2 vol. 1971-1972 ; *Nouvelles Recherches sur Villon,* Paris, Champion, 1980.

A. Lanly, *François Villon, Œuvres,* Paris, Champion, 2 vol., 1969 ; *François Villon, Ballades en jargon,* Paris, Champion, 1971.

VII. ÉTUDES

1. Livres.

A. Longnon, *Étude biographique sur François Villon,* Paris, H. Menu, 1877.

G. Paris, *François Villon,* Paris, Hachette, 1901.

M. Schwob, *François Villon, rédactions et notes,* Paris, J. Dumoulin, 1912.

P. Champion, *François Villon, sa vie et son temps,* Paris, Champion, 2 vol., 1913 (1933, 1967).

F. Desonay, *Villon,* Paris, Droz, 1933 (1947).

I. Siciliano, *François Villon et les thèmes poétiques du Moyen Age,* Paris, Colin, 1934 (Nizet, 1967) ; *Mésaventures posthumes de Maître François Villon,* Paris, Picard, 1973.

L. Cons, *État présent des études sur Villon,* Paris, Les Belles Lettres, 1936.

A. Burger, *Lexique de la langue de Villon,* 1957 (1967).

P. Le Gentil, *Villon,* Paris, Hatier, 1967.

D. Kuhn, *La Poétique de François Villon,* Paris, Colin, 1967.

P. Demarolle, *L'Esprit de Villon,* Paris, Nizet, 1968 ; *Villon, un testament ambigu,* Paris, Larousse, 1973.

P. Guiraud, *Le Jargon de Villon ou le gai savoir de la Coquille,* Paris, Gallimard, 1968 ; *Le Testament de Villon ou le gai savoir de la Basoche,* Paris, Gallimard, 1970.

F. Häbeck, *Villon ou la légende d'un rebelle,* Paris, Mercure de France, 1970.

E. B. Vitz, *The Crossroad of Intentions,* La Haye Paris, Mouton, 1974.

G. A. Brunelli, *François Villon. Commenti e contributi,* Messine Peloritana, 1975.

J. Deroy, *François Villon, coquillard et auteur dramatique,* Paris, Nizet, 1977.

J. Favier, *François Villon,* Paris, Fayard, 1982.

2. Articles d'écrivains.

Cl. Marot, *Prologue aux lecteurs* dans l'édition citée.

Th. Gautier, *François Villon* dans *Les Grotesques,* Paris, Desessart, 1844, t. 1, p. 1-59.

R. L. STEVENSON, *François Villon, Student, Poet and Housebreaker,* dans les *Familiar Studies of Men and Books,* Londres, 1882.

A. SUARÈS, *François Villon,* dans les *Cahiers de la Quinzaine,* Paris, 25 janvier 1914.

Fr. CARCO, *Le Roman de François Villon,* Paris, Plon, 1926 (repris en 1932 chez Albin Michel) ; *Le Destin de François Villon,* Paris, La Cité des livres, 1931.

Bl. CENDRARS, *Sous le signe de François Villon,* dans *La Table Ronde,* n° 51, mars 1952, p. 47-69.

P. VALÉRY, *Villon et Verlaine,* Paris, 1937. Repris dans ses *Œuvres,* Paris, Gallimard, 1959 (Bibliothèque de la Pléiade, t. 1, p. 427-443).

P. MAC ORLAN, *François Villon,* dans le *Tableau de la littérature française,* Paris, Gallimard, 1962, t. 1, p. 164-172.

E. POUND, *Moncorbier alias Villon,* dans *Esprit des littératures romanes,* Paris, Christian Bourgois, 1966, p. 244-262.

A. VIALATTE, *François Villon ou l'hygiène des poètes,* dans *Dernières Nouvelles de l'homme,* Paris, Julliard, 1978, p. 118-123.

INDEX DES NOMS PROPRES *

Abreuvoir Popin [*L. 154*] : Abreuvoir sur la rive droite de la
Seine, près du Louvre. Jeu de mots obscène : Voir Coquillart,
parlant d'une femme *(C'est un droit abreuvoir Popin :/Chacun y
fourre ses chevaux)*, et le fabliau qui traite de *la pucelle qui
abreuva le poulain.*

ABSALON [*D. V, 19 ; XII, 35*] : Conspira contre son père le roi
David et fut contraint de fuir ; ses cheveux pris aux branches
d'un arbre, il fut tué par Joab malgré les ordres de David
(*Ancien Testament*, Samuel, II).

ADAM [*T. 797*] : Le premier homme, qui commit le péché
originel.

ALENÇON (duc d') [*T. 383*] : Jean Ier d'Alençon tué à la bataille
d'Azincourt en 1415, après avoir fait périr le duc d'York et
abattu la couronne du souverain anglais.

ALIXANDRE (ALEXANDRE) [*T. 129, 162 ; D. XII, 25*] : Alexandre
le Grand (356-323 av. J.-C.), l'illustre conquérant, élève d'Aris-
tote, mort à trente-deux ans. Très célèbre au Moyen Age grâce,
en particulier, au *Roman d'Alexandre* d'Albéric de Pisançon,
remanié à la fin du XIIe siècle et au début du XIIIe : il passait
pour avoir incarné toutes les vertus chevaleresques, type
accompli du preux et « large donneur ». Voir P. Meyer,
Alexandre le Grand dans la littérature française du Moyen Age,
2 vol., Paris, 1886, et G. Gary, *The Medieval Alexander*,
Cambridge, 1956.

ALIZ [*T. 347*] : Héroïne de chansons de geste et de poésies
lyriques.

ALPHASAR [*D. XII, 28*] : Arphaxad, roi des Mèdes, vaincu par
Nabuchodonosor (*Ancien Testament*, Judith, I).

* *T* renvoie au *Testament*, *L* au *Lais*, *D* aux *Poésies diverses*.

ALPHONSE [*T. 360*] : Alphonse V, roi d'Aragon (Alphonse Ier de Naples et de Sicile). Adversaire heureux en Italie de René d'Anjou. Mort le 28 juin 1458 de mort naturelle, au milieu de sa gloire, mais aussi de prodiges inquiétants.

AMON [*T. 649*] : Fils aîné du roi David, viola sa sœur Thamar et fut ensuite tué par son frère Absalon (*Ancien Testament, Samuel, II, 13*).

ANDRY [*D. VIII, 61*] : Saint André, apôtre, frère de Pierre. Pêcheur de son état, il fut disciple de Jean-Baptiste avant de l'être de Jésus-Christ. Il fut supplicié en Achaïe sur une croix en X.

Ane rayé [*L. 92*] : Zèbre. Enseigne de plusieurs maisons dont l'une appartenait à J. Cardon.

ANGELOT l'herbier [*T. 1654*] : Ange Baugis, herboriste, paroissien à Saint-Germain-le-Vieux dans la Cité.

Angers [*L. 43*] : Ville où se tenait la cour du roi René ; mais aussi jeu de mots avec *engier,* « produire, enfanter », qui se confondait à l'occasion avec *ongier,* « fréquenter ; étreindre ».

ANTÉCHRIST [*T. 1606*] : Symbole du Mal, venu de l'Apocalypse, il devait annoncer la fin du Monde avant d'être vaincu par le Christ. Il est très souvent mentionné dans les sermons et méditations du xve siècle.

ANTOINE (saint) [*L. 263 ; T. 600*] : Solitaire de la Thébaïde (250-336). Chaque saint étant lié à une maladie qu'il guérissait ou pouvant donner à qui ne le priait pas, le *mal* (ou *feu*) *saint-Antoine* était soit un érysipèle gangreneux, soit plutôt l'ergotisme donné par l'ergot du seigle.

APÔTRE [*D. I, 33*] : Saint Paul, auteur de l'Épître aux Romains, XII, dont Villon a particulièrement en vue les versets 9-11 : « Ayez le mal en horreur ; attachez-vous fortement au bien par amour fraternel, soyez pleins d'affection les uns pour les autres ; par honneur usez de prévenances réciproques », et 18 : « S'il est possible, autant qu'il dépend de vous, soyez en paix avec tous. »

ARCHETRICLIN [*T. 1243*] : Personnage des noces de Cana (Jean, II, 9) : il apparaît au Moyen Age sous les traits du maître de repas, ou de l'époux, ou même d'un saint.

ARCHIPIADES [*T. 331*] : Alcibiade, que l'on a pris pour une femme au Moyen Age, sans doute par suite d'une mauvaise interprétation de Boèce. Jean de Meun, source probable de Villon, ne semble pas avoir partagé cette erreur (éd. Lecoy, vers 8913-8922).

ARISTOTE [*L. 296 ; T. 96*] : Philosophe grec (384-322 av. J.-C.) très prisé au Moyen Age, en particulier au XIIIe siècle. Voir, dans le *Dictionnaire des Lettres françaises, Le Moyen Age,* Paris, 1964, l'article *Aristotélisme au Moyen Age,* p. 65-66.

sous Saint Louis, elles n'étaient plus que trois au début du règne de Louis XI. Aussi, en 1480, leur substitua-t-il un monastère de cloîtrées soumises à la règle de saint François et à un régime très dur.

BELLEFAYE (Martin de) [*T. 1928*] *:* Contemporain de Villon. Avocat au Châtelet en 1454, lieutenant criminel de la prévôté en 1458, conseiller lai en la cour du Parlement en 1461. Il eut plus tard à souffrir des agissements d'Olivier le Dain. Mort en 1502.

BERTHE au plat (ou au grand) pied [*T. 347*] *:* Mère de Charlemagne dans la tradition épique. Adenet le Roi a écrit à son sujet un remaniement de chanson de geste entre 1272 et 1274.

BIETRIX, BIATRIS [*T. 347; D. III, 19*] *:* Béatrix, personnage de chanson de geste.

Billy (tour de) [*T. 1348*] *:* Tour en ruine, contestée entre les Célestins et la ville de Paris, située au bord de la Seine, rive droite, le long de l'actuel boulevard Morland, entre la rue du Fauconnier et la rue Saint-Paul. Au début du XVIe siècle, on en fit un entrepôt de poudre qui explosa le 19 juillet 1538.

BLANCHE (la reine) [*T. 345*] *:* Blanche de Castille, mère de Saint Louis.

BLARRU (Jean de) [*L. 91*] *:* Riche orfèvre du Pont-au-Change en 1460, propriétaire de plusieurs maisons rues de la Bretonnerie et du Temple.

Boemes [*D. III, 22*] *:* Hussites en Bohème et Moravie, dont le chef, Jean Huss, fut excommunié par Alexandre V, condamné par le concile de Constance, brûlé en 1415.

Bœuf couronné [*L. 172*] *:* Enseigne, rue de la Harpe.

Boulogne [*L. 53*] *:* Boulogne-sur-Mer.

BOURBON (duc de) [*T. 361*] *:* Charles Ier de Bourbon, mort de la goutte en 1456.

BOURBON (Mgr de) [*D. X*] *:* Jean II de Bourbon, fils du précédent, duc de 1456 à 1488, dont la résidence était Moulins et la devise Espérance (cf. *T.* vers 101-102).

BOURGES (archevêque de) [*T. 1228*] *:* Jean Cœur, fils du multimillionnaire Jacques Cœur.

BOURSIÈRE (Catherine la) [*T. 551*] *:* Femme, employée ou maîtresse d'un fabricant de bourses.

BRUNEL (Philippe) [*T. 1941*], Seigneur de Grigny, [*L. 137, 1346*] *:* Personnage qui revendiquait des titres de noblesse comme la seigneurie de Grigny. Son père, Étienne, fut le trésorier de la reine Isabeau de Bavière. Lui-même appartint à la domesticité de la Dauphine, Marguerite d'Écosse, puis fut au service de Pierre de Brézé, un des ennemis de Villon. Il participa à la guerre contre les Anglais. Il était processif, batailleur, endetté. Il fut accusé, en 1472, de ne pas avoir communié une seule fois depuis quatre ans et, en 1478, d'avoir commis un vol dans l'église Saint-Antoine de Grigny. Il était détesté des habitants de ce bourg. Sans doute jeu de mots, *grignier* signifiant « plisser les lèvres en montrant les dents, grincer des dents » et *grignos* « grimaçant, grognon, violent, rude ».

BRUYÈRES (Mlle de) [*T. 1508*] : Catherine de Béthisy, veuve en 1454 de Girard de Bruyères, notaire et secrétaire du roi Charles VII. Elle possédait l'hôtel du Pet-au-Diable dont les étudiants enlevèrent la borne à plusieurs reprises.

BURIDAN [*T. 342*] : Né en 1295, mort en 1360. Habitait rue du Fouarre. Philosophe et recteur de l'Université (1347), il prit parti contre la liberté d'indifférence : *l'âne de Buridan* mourut pour n'avoir pas su se décider entre un seau d'eau et une botte de foin.

Il avait eu une jeunesse assez dissipée, coureur autant que querelleur : il blessa grièvement un rival qui devint en 1342 le pape Clément VI. La légende de Buridan qui, précipité du haut de la tour de Nesle, tomba providentiellement dans une barque chargée de foin, tout comme la légende des orgies des princesses de Bourgogne dans la même tour sont postérieures au XIVe siècle. De quelle reine s'agit-il dans le vers de Villon ? Non pas de Jeanne de Navarre, la respectable femme de Philippe le Bel, morte en 1305, mais de Jeanne de Bourgogne, femme de Philippe V le long, qui avait été convaincue d'adultère, en 1314, en même temps que ses belles-sœurs, Marguerite, épouse de Louis X le Hutin, et Blanche, femme de Charles IV le Bel. Si Marguerite fut mise à mort en 1315, si Blanche, condamnée à être détenue au Château-Gaillard, prit le voile, après l'annulation de son mariage, et mourut en 1325, Jeanne de Bourgogne, libérée, habita l'Hôtel de Nesle jusqu'en 1329, date de sa mort. « Jeune, veuve, libre, il est possible qu'elle recherchât des rendez-vous dans la tour de Nesle et aussi qu'elle en accordât à Buridan » (J. Hillairet). Voir là-dessus *Les Rois maudits* de Maurice Druon.

Cage vert [*T. 1195*] : En face du couvent des carmes, existait une maison dont l'enseigne était une cage qui, semble-t-il, n'appartenait pas à frère Baude et n'était pas qualifiée de *verte,* au contraire d'une autre demeure, sise près de la porte Saint-Jacques, appelée *Le Panier vert,* mauvais lieu du quartier. De plus, dans la poésie érotique ou licencieuse, *cage* désignait le *sadinet* d'une femme et, par suite, la femme elle-même. Voir nos *Recherches,* t. II, p. 374-377.

CALAIS (Jean de) [*T. 1845*] : Notaire au Châtelet en 1457, chargé de la vérification des testaments.

CALIXTE (le tiers) [*T. 357*] : Calixte III, Alphonse Borgia, pape mort le 8 août 1458. Fit réviser le procès de Jeanne d'Arc.

CARDON (Jacquet ou Jacques) [*L. 123 ; T. 1776*] : Marchand drapier et chaussetier, bourgeois de Paris, habitant dans le voisinage de la place Maubert. Son frère aîné Jean était chanoine du chapitre de Saint-Benoît-le-Bétourné. Voir notre article « Villon, Jacques Cardon et la communauté de Saint-Benoît-le-Bétourné », dans *L'Information littéraire,* 1970, p. 199-212.

Carméliste bulle [*L. 95*] : Bulle de 1449 qui donnait aux moines mendiants le pouvoir de confesser, au détriment des curés.

Carmes [*L. 255*] : Ordre créé sur le mont Carmel vers 1112 par le patriarche de Jérusalem et approuvé par Honorius III en 1224. Les carmes étaient vêtus d'une robe brune recouverte d'un long manteau blanc, coupé de noir (pour les distinguer des Sarrasins) ; de là leur nom de *Barrés.* C'étaient des moines mendiants soumis à une règle sévère : silence, travail manuel, jeûnes rigoureux. Établis par Saint Louis dans le quartier Saint-Paul-des-Champs, ils obtinrent de Philippe le Bel de se fixer au bas de la montagne Sainte-Geneviève. Au XVIe siècle, ils furent réformés, devenant les *carmes déchaux,* parce qu'ils marchaient pieds nus.

CASSANDRE [*D. VIII, 121*] : Fille de Priam et d'Hécube, sœur jumelle d'Hélénos. Elle reçut le don de prophétie soit de deux serpents purificateurs, soit d'Apollon lui-même qui lui apprit à deviner l'avenir à condition qu'elle se donnât à lui. Mais ensuite elle se déroba. Aussi le dieu, lui crachant dans la bouche, lui retira-t-il non le don de prophétie, mais celui de la persuasion. Ses prédictions, tout au long de l'histoire de Troie, ne recueillent jamais l'adhésion des habitants, qu'elle s'oppose à la venue de Pâris, à l'enlèvement d'Hélène ou à l'introduction du cheval de bois. Agamemnon s'éprend d'elle et l'emmène en Grèce où elle est tuée en même temps que lui par Clytemnestre.

CATON [*D. VIII, 107*] : Pseudo-Caton à qui on attribuait des Distiques moraux *(Disticha de Moribus)* que l'on faisait apprendre aux enfants et qui sont dus, en fait, à Everard de Kirkham et à Elie de Winchester.

CAYEUX (Colin de) [*T. 1675*] : Ami et mauvais génie de Villon, son maître en plusieurs domaines, art du cambriolage, langage et mœurs des Coquillards et peut-être homosexualité. Voleur affilié au redoutable gang des Coquillards, il participa avec Villon au vol du Collège de Navarre et fut pendu vers 1460. Dans le manuscrit *C,* au vers 861, Villon joue sur son nom (on a : « Par *cayeulx* », autre forme de *caiers,* « cahiers »), ce qui nous donne à penser qu'il est question aussi du fameux vol, d'autant que Tabarie, autre complice, est nommé en clair. Voir nos *Recherches,* t. I, 1971, p. 251-257.

Célestins [*T. 238, 1575, 1968*] : Ces religieux de Saint-Benoît, institués en Italie par le pape Célestin V, furent introduits en France par Philippe le Bel et installés en 1352 dans les locaux occupés d'abord par les carmes, dans le quartier de Saint-Paul. Charles V les combla de ses bienfaits. Avec son église qui ouvrait dans la rue du Petit-Musc, son dortoir, son réfectoire, son cloître formé de deux cent cinquante colonnes corinthiennes, tous ses bâtiments et ses jardins... leur couvent occupait une grande surface que délimiteraient les rues du Petit-Musc, de la Cerisaie, de l'Arsenal et de Sully. Son église, que fréquentait la mère de Villon, comportait un grand nombre de tombeaux de personnages illustres. Le duc Louis d'Orléans y avait fondé, après la soirée du bal des Ardents, une chapelle d'une beauté et d'une richesse exceptionnelles.

CERBÉRUS [*T. 636*] : Chien Cerbère, qui gardait l'empire des morts. L'image la plus courante le représente avec trois têtes de chiens, une queue formée par un serpent, et sur le dos de nombreuses têtes de serpents. On dit aussi qu'il avait cinquante, voire cent têtes. Enchaîné devant la porte d'Enfer, il terrifiait les âmes qui y entraient. Par la seule force de ses bras, Hercule réussit à le ramener sur terre en l'étouffant à moitié. Orphée, ensuite, le charma.

CÉSAR [*D. XII, 20*] : Jules César, le premier empereur romain. Nom donné au duc d'Orléans (*D. VIII, 26*).

Chambre aux deniers [*T. 1747*] : Chargée des dépenses de la maison du roi et composée d'un président, de quelques maîtres, clercs et auditeurs, elle siégeait dans un bâtiment contigu au Palais, qui s'ouvrait sur la cour de la Sainte-Chapelle.

CHAPERONNIÈRE (Jeanneton la) [*T. 549*] : Femme, maîtresse ou employée d'un marchand ou fabricant de chaperons.

CHAPPELAIN [*T. 1836*] : Sergent de la Douzaine (garde du prévôt de Paris) en 1457. Le mot comporte une équivoque qui explique le don de Villon.

CHARLEMAGNE [*T. 67, 364*].

CHARLES septième le bon [*T. 363*] : Charles VII, né en 1403, mort le 22 juillet 1461, père de Louis XI. Mort sans doute d'un abcès à la mâchoire. Mais certains contemporains ont pensé qu'il avait été empoisonné par son fils (Th. Basin) ou qu'il avait refusé de s'alimenter, de peur d'être empoisonné (J. Chartier, R. Gaguin, Commynes). Voir notre *Destruction des mythes dans les Mémoires de Commynes,* Genève, 1966, p. 487-488.

CHARRUAU (Guillaume) [*T. 1023*] : Licencié ès arts et en lois, il fit ses études en même temps que Villon. Une affaire pénible le plaça sous les feux de l'actualité : son fils fut tué au cours d'une rixe par un nommé Olivier Bertin, et le père refusa tout accommodement. Voir nos *Recherches,* t. II, p. 319-325.

CHARTIER (Alain) [*T. 1805*] : Poète et prosateur qui servit de modèle aux auteurs du XVᵉ siècle (1385-1433). Parmi ses œuvres en vers, *Le Livre des quatre Dames,* qui analyse quatre expériences du malheur ; *Le Débat patriotique,* où s'affrontent un héraut, un chevalier et un vilain ; *Le Bréviaire des nobles,* recueil de ballades qui énumèrent les vertus de la noblesse ; *La Belle Dame sans merci.* En prose : *Le Curial,* critique de la vie de cour ; *Le Quadrilogue invectif* (1422) ; plaidoiries du Peuple, de la Chevalerie et du Clergé devant la France qui les accuse ; *Le Livre de l'Espérance,* inachevé, qui traite de morale religieuse.

Chartreux [*T. 238, 1575, 1968*] : Ordre religieux fondé par saint Bruno en 1084 à la Grande-Chartreuse et installé à Paris en 1257 par Saint Louis au château de Vauvert.

Châtelet [*L. 152*] : Forteresse située à l'entrée de Paris, sur la place qui porte aujourd'hui son nom. Siège de la justice royale (avec, à sa tête, le prévôt de Paris), il comportait aussi quinze prisons.

Cheval blanc (Le) [*L. 90 ; T. 1011*] : Enseigne d'une hôtellerie de la rue de la Harpe. Dans *Le Testament,* Villon n'a pas négligé de plaisanter sur la valeur symbolique de l'expression. Voir *Recherches,* t. I, p. 285-299.

Chevalier du Guet [*L. 145 ; T. 1828*] : A la tête du guet royal, composé de vingt sergents à cheval et de quarante à pied, pour assurer la police nocturne de Paris.

CHOLET (Casin) [*L. 185 ; T. 1102, 1113*] : A une querelle avec Tabarie en 1456. Devient sergent à verge au Châtelet de Paris ; mais, pour avoir jeté en juillet 1465 une fausse alarme dans la capitale, il est emprisonné, fouetté, dépouillé de son office (renseignements donnés par Jean de Roye dans sa Chronique dite scandaleuse).

CHRISTOFLE [*T. 1369*] : Saint Christophe. Chananéen gigantesque qui, à la recherche du plus puissant roi du monde, se mit au service du diable, puis du Christ que, sous la forme d'un enfant, il eut les plus grandes peines à faire passer d'un bord à l'autre d'une rivière. On se croyait à l'abri des maladies et des infirmités dès qu'on avait vu la statue du saint.

CHYPRE (roi de) [*T. 369*] : Ou bien (de préférence) Jean III de Lusignan mort en 1458, dont le règne ne fut qu'une série de malheurs et de vaines tentatives. Ou bien Pierre de Lusignan qui conquit Alexandrie (octobre 1365) et la Cilicie, et fut assassiné en 1369. Chanté par G. de Machaut, Pétrarque, Froissart, Christine de Pisan, Cuvelier.

CLAQUIN [*T. 381*] : Bertrand du Guesclin (1320-1380). « Grand soldat, mais anti-héros, il inaugure une tactique fondée sur la prudence, et non la prouesse comme le voudraient les grands chevaliers : il laisse les expéditions anglaises s'épuiser en vaines chevauchées avant de leur donner le coup fatal » (D. Poirion, dans *Le Moyen Age, II, 1300-1480*, Paris, 1971, p. 72).

CLOTAIRE [*D. XVI, 26*] : Clotaire II, roi de Neustrie (584-613), puis roi de la Gaule (613-629).

Clôture du Temple [*T. 1029*] : Enceinte fortifiée du Temple : il s'agit de la nouvelle enceinte de Paris, commencée, après la défaite de Poitiers (1356), par le prévôt des marchands Étienne Marcel, continuée sous Charles V par le prévôt de Paris Hugues Aubriot et achevée en 1383. Voir *Recherches*, t. II, p. 320-322.

CLOVIS [*D. VIII, 21*] : Roi mérovingien (481-511).

CŒUR (Jacques) [*T. 285*] : Célèbre par son extraordinaire richesse qu'il acquit surtout dans le commerce avec le Levant, par sa puissance (il devint en 1440 argentier de Charles VII et contrôleur général des finances ; il se fit construire à Bourges un somptueux palais entre 1443 et 1451) et par son infortune : arrêté en 1451 et jugé, il fut condamné à une amende de 400 000 écus, au bannissement perpétuel et à la confiscation de ses biens. Réfugié en 1454 auprès du pape Calixte III, il commanda sa flotte contre les Turcs et mourut à Chio en 1461.

COLOMBEL [*T. 1931*] : Conseiller du roi et président de la Chambre des Enquêtes (1454). Très riche, usurier, mêlé à toutes sortes d'affaires et de trafics. Mort en 1475.

CORNU (Jean le) [*L. 84 ; T. 990*] : Personnage riche et important : receveur des aides pour la guerre à Senlis en 1446, à Paris en 1449-1452, secrétaire du roi en 1459, clerc civil de la prévôté en 1463 et, en 1467, tenant l'office du notaire Jean de Calais chargé de la vérification des testaments et clerc criminel du greffe, protégé de Jean Bourré, le puissant ministre de Louis XI. Mort en 1476.

COTART (Jean) [*T. 31, 1230, 1245*] : Procureur en cour d'Église, promoteur (i. e. accusateur) de l'Officialité de Paris. Voir nos *Recherches*, t. II, 1973, p. 405-420.

COTIN (Guillaume) [*L. 217 ; T. 1306*] : Riche et vieux chanoine de Notre-Dame de Paris, conseiller au Parlement.

COURAUD (Andry) [*T. 1457*] : Procureur (avoué) en Parlement de René d'Anjou, roi de Sicile, en 1455, conseiller du roi au Trésor. Habita rue Saint-Jacques, ensuite rue du Bon-Puits, derrière le Collège de Navarre.

Credo (le grand) [*T. 1292*] : C'est à la fois le grand Credo où est contenu, en 12 articles, l'essentiel de la foi chrétienne, et le crédit à long terme. Voir *Recherches*, t. II, p. 446-447.

Crosse [*L. 226*] : Enseigne d'une taverne de la rue Saint-Antoine. Le mot permet des jeux de mots : c'est à la fois un élément d'une locution traditionnelle, *joindre à sa crosse*, « ajouter à son empire », le symbole de la puissance épiscopale et une béquille.

CUL D'OUE (Michaut) [*T. 1338*] : D'une vieille famille parisienne, vécut de 1408 à 1479 : échevin en 1440, prévôt de la grande Confrérie aux Bourgeois en 1448.

Dauphin [*T. 70, 401-402*] : Fils aîné des rois de France. Le *feu dauphin* du v. 70, c'est Louis XI qui, devenu roi de France, n'est donc plus que l'ex-dauphin.

DAUPHIN D'AUVERGNE [*T. 382*] : Peut-être Béraud III, mort en 1426.

DAVID [*T. 645*] : Roi-prophète d'Israël, guerrier, administrateur, auteur des cent cinquante Psaumes. Il prit Bethsabée, qu'il avait aperçue au bain, à son général Urie qu'il fit périr. Cité par Villon à plusieurs reprises : *T. 48, 291 ; D. VIII, 41.*

Décret [*T. 601*] : Sens général : recueil d'anciens canons (règles des conciles), de constitutions des papes et de sentences des Pères de l'Église. Sens particulier : décret de Gratien, canoniste italien du XIIe siècle, *Concordantia discordantium canonum,* et allusion au commandement : *Tolerabilior est, si lateat, culpa quam si culpae usurpetur auctoritas* (la faute, quand elle est cachée, est plus excusable que si elle est donnée en exemple).

DEDALUS [*D. V. 10*] : Dédale, athénien, type de l'artiste universel, architecte, sculpteur, inventeur de moyens mécaniques. Exilé à la suite du meurtre de son neveu Talos qu'il jalousait, il se réfugia en Crète auprès de Minos pour qui il construisit le Labyrinthe dans lequel fut enfermé le Minotaure, et où le roi le jeta en compagnie de son fils Icare, parce qu'il avait aidé Thésée à échapper à sa prison. Alors, Dédale fabriqua pour lui et son fils des ailes qu'il attacha avec de la cire, et parvint sain et sauf en Italie.

DENISE [*T. 1234*] : Nom donné aux femmes volages. Désigne peut-être Catherine de Vaucelles.

DETUSCA [*T. 1194*] : Sans doute nom déformé de Jean Turquant, lieutenant criminel du prévôt de Paris et ami de Guillaume de Villon. L'hypothèse d'U. T. Holmes, selon qui il faut lire le *Tuscan, le Toscan,* c'est-à-dire Pie II, n'est guère plausible. Voir *Recherches,* II, p. 371-374.

Dévotes [*T. 1159, 1969*] ou *Filles-Dieu* : Pécheresses qui avaient abusé de leur corps, puis étaient tombées dans la mendicité, et pour qui Guillaume d'Auvergne fonda en 1226 un couvent, situé hors de Paris, entre les faubourgs actuels Saint-Denis et Poissonnière. Saint Louis le protégea efficacement, y fit entrer deux cents prostituées converties et lui donna quatre cents livres de rente. Mais, à cause du prix de la vie, ces religieuses ne furent plus que soixante vers 1280. Aussi furent-elles autorisées à mendier dans les rues. Le couvent, à cause des menaces anglaises, fut transféré, en 1360, à l'intérieur de l'enceinte, dans l'hôpital de Sainte-Madeleine, rue du Caire, qui recevait pendant une nuit les mendiants de passage à Paris. En proie à de graves désordres, ce monastère fut réformé en 1483 par Charles VIII et confié aux religieuses de l'ordre de Fontevrault.

DIDO [*T. 1681 ; D. VIII, 123*] : Didon, héroïne de Virgile. Reine de Carthage, elle s'éprit d'Énée, le fugitif de Troie, et se suicida après son départ. Le roman d'*Énéas* avait popularisé son histoire au Moyen Age.

DIOMÉDÈS [*T. 130, 154*] : Pirate qui dialogue avec Alexandre dans une anecdote qui ne vient pas de Valère Maxime, mais que l'on peut suivre tout au long de la littérature latine et médiévale dans Cicéron (*République,* III), Caecilius Balbus, saint Augustin (*La Cité de Dieu,* IV), Jean de Salisbury au XIIᵉ siècle (*Policraticus*), Jacques de Cessoles au XIVᵉ siècle dont le *Liber de Moribus hominum et officiis nobilium sive super ludum scacchorum* fut traduit en particulier par Jean de Vignay entre 1326 et 1341, enfin, dans *Le Jouvencel* de Jean de Bueil (écrit en 1464-1465).

Dix et Huit Clercs [*T. 1322*] : Collège fondé à Notre-Dame, puis transporté devant la porte de l'Hôtel-Dieu pour hospitaliser les clercs malades. Ceux-ci, nourris, habillés, logés par l'Hôtel-Dieu, devaient, en retour, asperger d'eau bénite et accompagner de quelques prières les corps des trépassés quand on les sortait.

DOMINIQUE (saint) [*T. 1774*] : Mort en 1221. Considéré à tort comme le fondateur de l'Inquisition.

Donat [*T. 1284*] : Grammaire latine élémentaire, *De octo partibus orationis,* d'Aelius Donatus, pédagoge du IVᵉ siècle, qui fut le précepteur de saint Jérôme. S'y ajoute un jeu de mots : c'est aussi la troisième personne du passé simple en français ou du présent de l'indicatif en latin du verbe *donner.* Rutebeuf écrivait déjà que *chascun a perdu son donet.* Voir *Recherches,* t. II, p. 446.

Douze [*T. 1071*] : Sergents à cheval qui formaient la garde du prévôt de Paris.

ÉCHO [*T. 333 ; D. VIII, 121*] : Nymphe des bois et des sources. Tantôt aimée de Pan qu'elle n'aime pas, brûlant pour un satyre, et qui, pour se venger, la fait déchirer par des bergers ; tantôt elle aime vainement le beau Narcisse. Mais toujours, à sa mort, elle disparaît pour devenir une voix qui répète les dernières syllabes des mots qu'on prononce.

ÉGYPTIENNE (Marie l') [*T. 885*] : Prostituée d'Alexandrie qui, éclairée par la grâce à Jérusalem, se réfugia dans le désert où elle vécut dans une pénitence très rude, n'ayant en tout et pour tout que trois petits pains pour se nourrir, résistant aux tentations constantes du démon. Rutebeuf a raconté sa vie. La rue de la Jussienne dans le quartier des Halles de Paris doit son nom à la sainte (d'abord, rue de Sainte-Marie-l'Égyptienne, puis de Gipecienne) qui y avait une chapelle édifiée avant 1290. Un vitrail représentait la sainte peinte sur le pont d'un bateau, retroussée jusqu'aux genoux devant le batelier, avec cette inscription : « Comment la sainte offrit son corps au batelier pour son passage. » Il fut mutilé en 1660 par le curé de Saint-Germain-l'Auxerrois. Il y avait aussi un oratoire où les jeunes filles, qui redoutaient d'être enceintes, venaient demander à la sainte d'intervenir.

Emmaüs [*T. 99*] : Allusion au passage de Luc, XXIV, 13-23, où, après la Résurrection, le Christ rejoint et réconforte, sans se faire connaître, deux disciples en route vers le village d'Emmaüs.

Enfants trouvés [*T. 1660*] : Asile fondé au début du XVe siècle par le chapitre de la cathédrale de Notre-Dame et situé près du For-l'Évêque, entre la rue Saint-Germain-l'Auxerrois et le quai de la Mégisserie.

EOLUS [*D. V, 34*] : Ce nom recouvre plusieurs personnages mal distingués par la légende. L'un est le fils adultérin d'Arné et de Poséidon, l'autre celui d'Hellen et de la nymphe Orséis, le troisième est le maître des vents dont parle l'*Odyssée* et qui reçut avec amitié Ulysse dans l'île d'Éolia. A son départ, il lui remit une outre où tous les vents étaient enfermés, sauf celui qui devait le ramener directement à Ithaque. Mais les compagnons d'Ulysse, ouvrant l'outre, déchaînèrent une épouvantable tempête qui les rejeta sur la côte d'Éolia. Éole ne voulut plus rien avoir à faire avec le héros et le renvoya.

ESBAILLART [*T. 339*] : Pierre Abélard, poète, philosophe et théologien (1079-1141), célèbre par ses amours contrariées avec Héloïse (l'oncle de celle-ci le fit mutiler par ses séides) et ses difficultés avec les autorités religieuses : le concile de Sens condamna en 1140 plusieurs de ses propositions. Voir dans le *Dictionnaire* cité des *Lettres françaises,* p. 587-589, l'article de Jean Jolivet, et l'ouvrage d'Étienne Gilson, *Héloïse et Abélard,* Paris, 2e éd., 1953.

ESPAGNE (bon roi d') [*T. 370*] : Il est difficile de savoir de quel roi il s'agit. Est-ce Henri II qui remporta des succès sur les Maures ?

ESTOUTEVILLE (Robert d') [*L. 155-156*] *(... seigneur qui atteint /
Troubles, forfaits sans épargnier)* [*T. 1369*] *(le seigneur qui sert
saint Christofle)* : Personnage très important, il lutta contre les
Anglais ; il devint prévôt de Paris (c'est-à-dire le second à Paris
après le roi, avec des attributions militaires, financières et
judiciaires), en 1447, en remplacement de son beau-père A. de
Loré. En 1460, sous Charles VII, il fut soupçonné de collusion
avec les Bourguignons, arrêté et incarcéré. Libéré par la suite, il
fut destitué par le nouveau roi Louis XI le 1er septembre 1461. Il
ne retrouva sa charge que le 4 novembre 1465. Sa femme était la
courtoise Ambroise de Loré. Voir notre article dans *Romania*,
t. LXXXV, 1964, p. 342-354.

ÉTIENNE (saint) [*T. 1915*] : Le premier martyr lapidé en l'an 33.
Son martyre a été fréquemment représenté, par exemple sur le
tympan du portail du croisillon nord de Notre-Dame de Paris.
Les miches de saint Étienne sont donc soit des pierres, soit des
pains très durs.

Filles-Dieu [*L. 250*] : Voir *Dévotes.*

FLORAT [*T. 330*] : Déesse des jardins et des champs, épouse de
Zéphyr. On célébrait en son honneur des *Floralia*, comportant
des jeux dans lesquels intervenaient des courtisanes. C'était
d'ailleurs le nom de plusieurs d'entre elles à Rome, l'une
fréquentée par Pompée, d'autres citées par Juvénal et Lactance.

FORTUNE [*T. 145, 155, 1395, 1786 ; D. VIII, 68, X, 5, XII, 1*] :
C'est un vieux thème que celui de la Fortune et de sa roue que
l'on retrouve tout au long du Moyen Age. Cette capricieuse
déesse, maîtresse tyrannique du monde entier, représentait
pour les gens du Moyen Age « la fatalité, le hasard, le principe
de l'impondérable et de l'inexplicable, l'explication du mystère,
la loi de la justice immanente » (I. Siciliano). Cette sombre
déesse, inventée par Boèce dans *De Consolatione Philosophiae*,
chantée par Henricus Septimellensis, n'a cessé de hanter les
esprits et les livres, tantôt providence divine, tantôt hasard et
aventure. Si Jean de Meun hésite entre ces deux pôles, Adam de
la Halle, plus pessimiste, semble identifier la Fortune avec le
triomphe de l'irrationnel aveugle dans le *Jeu de la Feuillée* où la
Fortune a son visage traditionnel, accompagnée de sa roue,
aveugle, muette, ne donnant aucune explication de son compor-
tement, sourde aux accusations comme aux supplications des
victimes, indifférente aux mérites et aux actes des hommes.

FOUR (Michaut du) [*T. 1079*] : S'il était tavernier et boucher, si
l'on signale plusieurs scènes où il se heurta violemment à ses
voisins, il était sergent à verge au Châtelet en 1457 et participa à
l'enquête relative au vol du Collège de Navarre. Villon a pu

avoir à se plaindre de lui parce qu'il refusa de lui faire crédit (le poète était endetté auprès de nombreux débitants de boissons) et surtout parce qu'il apporta des preuves de sa participation à l'effraction de Noël 1456. Aussi cherche-t-il à le discréditer en mettant l'accent sur sa bêtise et sa brutalité. Voir *Recherches,* t. II, p. 327-337.

FOURNIER (Pierre) [*L. 165; T. 1030*] : Procureur au Châtelet, procureur de la communauté de Saint-Benoît-le-Bétourné devant la prévôté de Paris.

FREMIN [*T. 565, 779, 787*] : Firmin, que Villon s'amuse à faire passer pour son secrétaire.

GALERNE (Colin) [*T. 1653*] : Barbier (i.e. coiffeur et chirurgien) et marguillier de Saint-Germain-le-Vieux dans la Cité. Il recopia deux œuvres de Pierre de Nesson, le poète de la mort Équivoque sur son nom qui désignait un vent froid du nord-ouest.

GARDE (Jean de la) [*L. 258; T. 1354-1355, 1919*] : Homme puissant et riche, à la tête d'une fortune considérable et d'un commerce aussi étendu qu'actif. Dès 1450, il était l'un des maîtres jurés épiciers de Paris, et comme tel il faisait le commerce des épices, du coton, de la cire, des cierges, des dragées, des poudres et des sauces ; en 1453, il est qualifié de *varlet de chambre et épicier de la reine.* Voir *Recherches,* t. II, p. 453-459.

GARNIER (Étienne) [*D. XVI, 2*] : Geôlier de la Conciergerie en 1453, emprisonné et mis à l'amende pour avoir laissé un prisonnier s'échapper ; clerc de la petite geôle ou guichet du Châtelet en 1459.

GAUTIÈRE (la belle) [*T. 533*] : Femme de petite vertu qui fréquentait les étudiants. Dans d'autres manuscrits que *C*, on lit *Gantière :* ce serait alors la femme ou l'employée d'un fabricant ou d'un marchand de gants.

GENEVOIS [*T. 1360*] : Pierre Genevois défendit, à partir de 1434, comme procureur au Châtelet les droits de Notre-Dame ; en 1446 et 1457, il fut le procureur de la communauté de Saint-Benoît. Voir *Recherches,* II, p. 457-458.

GEORGES (saint) [*T. 1219*] : Martyr de noble naissance, un des patrons de la chevalerie, qui affronta, d'abord, le dragon au souffle pestilentiel qui dévorait garçons et filles et qu'il abattit, mena en laisse à travers la ville, mit à mort ; ensuite, Dacien, le persécuteur des chrétiens qui recourut en vain à tous les moyens imaginables pour le fléchir — torture, pratiques magiques, supplices horribles, promesses, flatteries — et qui finit par le faire décapiter ; mais il fut foudroyé en regagnant son palais. Voir *Recherches,* t. II, p. 389-392.

GIRART (Perrot) [*T. 1150*] : Barbier de Bourg-la-Reine, en qui l'on peut voir soit une victime de Villon, soit un hôtelier complaisant.

GLAUCUS [*D. V, 35*] : Nom de plusieurs personnages et d'une divinité marine. Celle-ci était un pêcheur béotien, fils soit d'Anthédon et d'Halcyoné, soit de Poséidon et d'une naïade. Il goûta une herbe qui le rendit immortel et le fit dieu de la mer ; il prit une forme nouvelle : le bas de son corps se transforma en queue de poisson, ses joues se recouvrirent d'une barbe aux reflets verts. Il reçut le don de prophétie. Il courtisa en vain Scylla qu'il fit transformer en monstre, et Ariane après son abandon par Thésée.

GONTIER (Franc) [*T. 1458*] : Paysan d'un *Dit* de Philippe de Vitri (1291-1362) qui, dans un décor champêtre, vit de son travail simplement en compagnie de sa femme Hélène, et critique la vie des riches et des puissants qui n'échappent pas à la crainte, à l'hypocrisie, à la servitude et à l'envie. Il exalte un idéal de simplicité, fait de sécurité, d'indépendance, de plaisirs fondés sur la frugalité, la santé, le travail et un amour conjugal sans complications. Pierre d'Ailli avait peint, en opposition, le tyran dont l'existence n'est qu'un esclavage rempli de terreurs. Ce thème du mépris de la vie curiale a été cultivé dans le milieu des préhumanistes aux environs de 1400 (Nicolas de Clamanges, Jean de Montreuil) et E. Deschamps l'a repris, chantant Robin et Marion dans une ballade dont le refrain est : *j'ai Franc Vouloir, le seigneur de ce monde.*

GOSSOUIN (Girard) [*L. 202 ; T. 1275*] : D'un âge avancé, notaire au Châtelet, il avait spéculé sur le sel, pratiqué l'usure, collaboré avec les Anglais en Normandie : grainetier à Rouen, il avait été chargé de juger les différends relatifs aux gabelles de sel. En outre, jeu de mots, *gossé* signifiant « riche ».

Gouvieux [*L. 269*] : Château royal en ruine à 4 kilomètres à l'ouest de Chantilly.

Grand Godet [*T. 1039*] : Taverne de la place de Grève, aujourd'hui place de l'Hôtel-de-Ville.

GRAND TURC [*D. V, 14*] : Mahomet II, sultan des Ottomans (1451-1481), qui s'empara de Constantinople, s'assura la possession de l'Albanie, de la Serbie et de la Bosnie. Ph. de Commynes a laissé de lui un portrait élogieux : « Il a continué à faire ces grandes choses, tellement que j'ouïs une fois dire à un ambassadeur vénitien devant le duc de Bourgogne qu'il avait conquis deux empires, quatre royaumes et deux cents cités. » Voir notre *Destruction des mythes dans les Mémoires de Commynes*, p. 514-515.

Grève [*T. 1039*] : Place de Paris au bord de la Seine, aujourd'hui la place de l'Hôtel-de-Ville, déserte jusqu'au milieu du XIe siècle. En 1141, Louis VII vendit aux bourgeois de la marchandise (aux marchands de l'eau qui avaient le monopole du trafic sur la Seine et ses affluents) une partie de la grève, où ils établirent un port, qui suscita une agglomération de bateliers, portefaix, négociants, taverniers, un centre commercial et un marché. En 1190, Philippe Auguste engloba la place dans son enceinte, ainsi que le Grand Châtelet ; de là, le développement des habitations. Ce port, suite de ports particuliers (pour le foin, le vin, le blé, les grains, le bois, le charbon, le sel), alimentait tout Paris. On devine l'importance de la Seine, et la répercussion sur la vie quotidienne des crues, des basses eaux, des glaces. C'est là que se réunissaient les ouvriers sans travail ; ils allaient en place de Grève, ils faisaient la grève. C'est dans un hôtel de cette place, *la Maison aux piliers,* qu'Étienne Marcel installa en 1357 l'administration municipale, formée des échevins, élus par les bourgeois, et de leur chef, le prévôt des marchands. La place de Grève était un lieu de fêtes populaires, en particulier en juin, où l'on faisait brûler le feu de la Saint-Jean, et un lieu d'exécution par la potence, la hache ou l'épée, le bûcher, la roue, l'écartèlement.

Grigny [*L. 137; T. 1346*] : Village entre Longjumeau et Corbeil.

GUEULDRY GUILLOT (ou Guillaume) [*L. 233; T. 1313*] : Maison de la rue Saint-Jacques sur laquelle Notre-Dame possédait un cens dont elle n'arrivait pas à se faire payer, car Gueuldry était insolvable. Voir notre article cité de *L'Information littéraire.*

GUILLEMETTE [*T. 1782*] : Personnage de chanson grivoise.

HANNIBAL [*D. XII, 17*] : Général carthaginois (247-183 av. J.-C.), vainqueur des Romains au Tessin, à la Trébie, à Trasimène, à Cannes, vaincu à Zama (202). Exilé de Carthage en 195, réfugié auprès d'Antiochus le Grand, puis de Prusias de Bithynie, il finit par s'empoisonner pour ne pas tomber vivant aux mains des Romains.

HARAMBURGIS [*T. 348*] : Comtesse du Maine, morte en 1225.

HËAUMIÈRE (la belle) [*T. 454*] : Femme ou employée d'un heaumier, fabricant et marchand de heaumes. Maîtresse d'un homme riche, maître de la Chambre des Comptes, chanoine de Notre-Dame de Paris, le boiteux d'Orgemont, dont le père fut chancelier de France et le frère évêque de Paris. Il installa sa maîtresse au cloître Notre-Dame. Impliqué dans un complot, dépossédé, emprisonné, il mourut rapidement en 1416. La Belle Hëaumière devait avoir quatre-vingts ans environ en 1456.

Hëaume (le) [*L. 146*] : Enseigne de taverne rue Saint-Jacques.

HECTOR [*T. 1377*] : Fils de Priam, mari d'Andromaque, tué par Achille au cours de la guerre de Troie.

HÉLÈNE [*T. 313; D. V, 6*] : Épouse de Ménélas, enlevée par Pâris, à l'origine de la guerre de Troie.

HÉLÈNE [*T. 1483, 1499*] : Compagne de Gontier dans le *Dit* de Philippe de Vitri. Voir *Gontier (Franc)*.

HÉLOÏS [*T. 337*] : Héloïse, l'amante, puis la femme d'Abélard, modèle de dévouement, d'intelligence et d'amour, qui essaya de détourner Abélard du mariage afin qu'il pût se consacrer à la philosophie.

HENRI [*T. 1643*] : Henri Cousin, exécuteur de la haute justice à Paris de 1460 à 1479. Ses deux fils, Petit Jean et Denis, furent aussi bourreaux : le premier exécuta le connétable Louis de Saint-Pol en 1475, le second se distingua à Arras en 1477.

HÉRODE [*T. 653*] : Hérode Antipas, qui, pour plaire à son épouse Hérodiade, accepta que Jean-Baptiste fût décapité *(Matthieu, XIV, 2-12)*.

HESSELIN (Denis) [*T. 1014-1015*] : Élu (i.e. officier royal) sur le fait des aides dès le 3 août 1456, prévôt des marchands (1470-1474), clerc et receveur de la ville de Paris (1474-1500). Surtout, il eut la confiance de Louis XI qui soupait en son hôtel et le chargea de missions délicates. Voir *Recherches*, t. I, p. 299-307.

HOLOPHERNE [*D. XII, 32*] : Général de Nabuchodonosor, séduit et enivré par Judith qui lui coupa la tête pendant son sommeil (*Livre de Judith*, 8-13).

Hôtel Dieu [*T. 1644*] : Fondé dès 660 par saint Landry, évêque de Paris, entre le parvis de Notre-Dame et la Seine. En 1168, il fut prescrit que chaque chanoine en mourant devait faire don à l'hôpital des ressources nécessaires pour y constituer un lit. Il comprenait à l'époque de Villon cinq cents lits. On y admettait les pauvres malades de tout sexe, de tout âge et de toute nation, sauf ceux qui étaient atteints de la peste, d'épilepsie, de maladies vénériennes et de la teigne qu'on accueillait ailleurs. Les malades couchaient à deux, quatre, voire six par lit ; aussi la mortalité était-elle très grande.

HUE CAPEL [*D. XVI, 9*] : Hugues Capet, premier roi capétien, fils d'Hugues le Grand, comte de Paris et duc de France. Rattaché par une tradition vivace à une famille de bouchers, témoin la chanson de geste d'*Hugues Capet*, le *Purgatoire* de Dante (XX, 52). Voir R. Bossuat, *La Légende de Hugues Capet au* XVIe *siècle*, dans les *Mélanges Henri Chamard*, 1951, p. 29-38.

IDOLE (Marion l') [*T. 1628, 1663*] : Marion la Dentue, du nom de son mari. Colin de Thou, son souteneur, habitait rue des Quatre-Fils-Aymon.

Innocents [*T. 1734*] : Situé autour de l'église des Innocents (s'agit-il de ceux que massacra Hérode ou du petit Richard qui passait pour avoir été crucifié par les Juifs à Pontoise en 1171 ?) qui était décorée d'une sculpture représentant *Les Trois Vifs et Les Trois Morts* et munie, au XVᵉ siècle, de reclusoirs, où des femmes étaient enfermées durant toute leur vie. Englobé dans l'enceinte de Paris par Philippe Auguste, le cimetière était quatre fois plus grand que le square actuel des Innocents, limité par les rues Saint-Denis, aux Fers, de la Lingerie et de la Ferronnerie. Le mode d'inhumation normal était la fosse commune. Au début du XIVᵉ siècle, on doubla le mur de clôture d'un mur intérieur à arcades : les deux murs furent réunis par une voûte, surmontés d'un comble où l'on entassa les ossements des fosses communes. C'étaient les quatre charniers. Sous ceux-ci, quelques tombeaux de personnages illustres. Sur dix arcades du charnier des Lingères, la fameuse *Danse Macabré*, en trente-deux tableaux, peinte vers 1416 par un familier du duc de Berry : chaque catégorie de vivants y était représentée en tête à tête avec la mort. C'était un endroit animé, un lieu de promenade, où les écrivains publics, les marchandes de mode et de lingerie, les prostituées offraient leurs services. Le cimetière et l'église furent supprimés en 1786.

ISABEAU [*T. 1579*].

Jacopins [*L. 159; T. 1574*] : En 1218, les dominicains, ordre de frères prêcheurs fondé à Toulouse par saint Dominique, installèrent leur couvent dans un hospice pour pèlerins situé autour du numéro 14 de la rue Soufflot, appelé Hôpital-Saint-Jacques, parce que en bordure de la route de Saint-Jacques-de-Compostelle. De là, le nom de jacobins que les dominicains prirent à Paris et dans le royaume, et celui de rue Saint-Jacques qui se substitua au nom de Grant-Rue-oultre-Petit-Pont.

JACQUELINE [*T. 1579*].

JAMES (Jacques) [*T. 1812, 1944*] : Architecte de la ville de Paris, il possédait, entre autres biens, une maison dans la rue aux Truies et, dans la rue Garnier-Saint-Ladre, une maison à étuves (celles-ci étaient souvent mal famées). Il est possible que ce soit lui qui ait eu maille à partir avec la justice civile et ecclésiastique à de nombreuses reprises entre 1457 et 1461, en particulier pour coups et blessures. Sans doute un mauvais garçon paresseux et peut-être proxénète. (Voir *Recherches*, II, p. 507-511.)

JASON [*D. V, 2, XII, 22*] : Mis à l'épreuve par Pélias qui avait chassé du pouvoir à Iolcos Aeson, le père de Jason, ce héros conquit la Toison d'Or avec l'aide de Médée qu'il abandonna ensuite pour Créüse (ou Glaucé) et qui se vengea en tuant sa rivale et ses propres enfants.

JEAN-BAPTISTE [*T. 654; D. VIII, 57*] : Précurseur de Jésus-Christ, il le baptisa dans le Jourdain. Il fut décapité sur l'ordre d'Hérode.

JEANNE [*T. 1344*] : Prénom qui désignait une prostituée ou une femme légère.

JEANNE (la grand) de Bretagne [*T. 1629*] : Prostituée.

JEANNE la bonne Lorraine [*T. 349*] : Jeanne d'Arc.

JEANNETON [*T. 732*] : Prénom donné aux filles de petite vertu.

JOB [*T. 218; D. V, 9*] : Symbole du Juste. Célèbre par ses malheurs et sa résignation.

JOLIS (Noël) [*T. 1636 et aussi T. 662*] : Ce personnage ou bien donna des coups à Villon, ou bien ne remplit pas la mission que le poète lui avait confiée, ou bien assita à la scène sans porter secours à son « ami » qui lui souhaite de recevoir autant de coups que lui-même en essuya. Voir *Recherches*, t. I, p.87-89.

JONAS [*D. V, 28*] : Prophète hébreu qui refusa d'abord d'aller inviter les habitants de Ninive à la pénitence et qui, embarqué sur un navire phénicien, jeté à la mer par les matelots, resta trois jours dans le ventre d'une baleine. Délivré, il se rendit à Ninive.

JOUVENEL (Michel) [*T. 1934*] : Sixième fils de Jean Jouvenel des Ursins (prévôt des marchands, chancelier du Dauphin, conseiller de la Couronne, très riche personnage). Bailli de Troyes en 1455, échanson de Louis XI en 1460, grand panetier de France. Apparenté à Thibaud de Vitri, un autre légataire de Villon. Mort en 1470.

JUDAS [*D. V, 20*] : Trahit Jésus-Christ, puis se pendit.

JUDITH [*D. VIII, 122, XII, 33*] : Coupa la tête d'Holopherne, le général de Nabuchodonosor.

JUNO [*D. V, 30*] : Déesse romaine, épouse de Jupiter.

Ladre (le) [*T. 816, 817*] : Le mot *ladre* est issu du latin *Lazarus* qui, d'abord nom propre du pauvre mendiant à la porte du mauvais riche (*Luc,* XVI, 19-31), a pris ensuite le sens de lépreux (italien *lazzaro*) ou de mendiant (espagnol *lazáro*). Le sens d'avare n'apparaît qu'au XVIIᵉ siècle. Dans la parabole de l'Évangile, Lazare implora en vain la pitié du riche ; après leur mort, le premier alla au ciel, le second en enfer où il sollicita l'intercession du pauvre.

LANCELOT [*T. 378*] : László V d'Autriche, roi de Bohême mort empoisonné en 1457, au moment où il allait obtenir la main de Madeleine, fille du roi Charles VII. Voir Commynes, éd. Calmette, t. II, p. 335-336.

Lanterne (la) [*L. 150*] : Bouge situé dans la rue de la Pierre-au-Lait.

LAURENS (Colin) [*L. 201 ; T. 1275*] : Brasseur d'affaires mêlé à de nombreuses combinaisons financières, il prêtait de l'argent, vendait de la poudre à canon, du drap, du sel, du vin, des harengs, des meules à moulin etc., il s'occupait de transports. Il était de plus échevin de Paris en 1461 et fut de la délégation qui porta l'hommage de la ville au nouveau roi Louis XI. En pleine activité (il ne mourut pas avant 1478), il était moins décrié que ses deux comparses Marceau et Gossouin. Voir *Recherches,* t. II, p. 438.

LAURENS (Jean) [*T. 1222*] : Commis en 1458 pour interroger Guy Tabarie au sujet du vol du Collège de Navarre ; promoteur (accusateur) de l'évêché de Paris en 1441, 1451, 1453, 1461 ; chapelain de Saint-Michel à Notre-Dame de Paris.

Loïs [*T. 56, 70*] : Louis XI, roi de France de 1461 à 1483.

Lombard [*T. 752 ; D. X. 22*] : Double sens : 1° c'est le nom donné aux usuriers (de riches commerçants de Gênes, Florence, Venise s'étaient installés dans l'actuelle rue des Lombards, et aussi autour du Petit-Pont. déjà du temps de Philippe Auguste, comme banquiers, changeurs, usuriers et prêteurs de fonds), voir *D. X, 22* ; 2ᵉ Pierre Lombard, théologien réputé, auteur des *Sentences,* qui furent lues et commentées pendant tout le Moyen Age et où il insiste sur le mystère de la Trinité. Voir *Recherches,* t. 1, p. 166-168.

LOMER [*T. 1796*] : Maître Pierre Lomer d'Airaines, qui appartenait au clergé de Notre-Dame, avait été chargé de chasser les prostituées qui hantaient certaines maisons de la Cité. Curé de Bagneux à la fin de 1457. Voir *Recherches,* t. II, p. 487-501.

LORÉ (Ambroise de) [*T. 1378-1391*] : Épouse de Robert d'Estouteville, morte en 1468. Célébrée pour sa courtoisie et sa noblesse : elle était « moult sage, noble et honnête dame », dit *La chronique scandaleuse* contemporaine de Villon.

LOTH [*T. 1239*] : Neveu d'Abraham, il quitta Sodome avant qu'elle ne fût anéantie par le feu. Enivré par ses filles, il commit l'inceste avec elles et engendra ainsi Moab et Ammon (*Genèse,* XIX, 30-36). Voir *Recherches,* t. II, p. 418.

LOUP (Jean le) [*L. 185, T. 1110*] : En 1459, passa un arrangement avec le receveur du domaine de la ville de Paris par lequel celui-ci lui abandonnait le tiers des amendes venant de ses dénonciations. C'était donc un mouchard. Comme son frère, il exerçait toutes sortes de métiers, aujourd'hui poissonnier, demain batelier ou pêcheur, après-demain mesureur de sel, mais surtout chargé (ou s'étant chargé) de la police de la Seine. Toujours est-il qu'il profitait de ces fonctions semi-officielles pour voler des pierres, des fagots de bois, du charbon, pour pêcher en des endroits interdits. Grossier, maniant l'injure avec facilité, il tâta de la prison, fut condamné à payer des amendes ; mais, en 1473, il était sergent à verge au Châtelet (*Recherches,* t. I, p. 15-16).

LOUVIERS ou LOUVIEUX (Nicolas de) [*L. 206; T. 1047*] *:* D'une riche famille de financiers et de drapiers parisiens. Échevin de Paris en 1444 et 1449. Receveur des aides de Paris de 1454 à 1461. Conseiller en la Chambre des Comptes à l'avènement de Louis XI. Anobli en 1464. Mort en 1483.

LUCRÈCE [*D. VIII, 122*] *:* Après avoir été violée par le fils de Tarquin le Superbe, elle se poignarda pour ne pas survivre à son déshonneur.

MACÉE D'ORLÉANS [*T.1210*] *:* Sans doute nom féminisé de maître Macé d'Orléans, lieutenant du bailli de Berry au siège d'Issoudun. La féminisation de son nom nous invite à penser que le personnage se comporte comme une femme, parce qu'il bavarde à tort et à travers, ou parce qu'il se répand en médisances et calomnies dont le poète aurait souffert, ou bien à cause de ses mœurs particulières. Voir notre article dans *Le Moyen Age,* 1966, p. 118-122.

MACHECOUE (la) [*T. 1053*] *:* Rôtisseuse près du Grand Châtelet, morte avant octobre 1461. Villon, composant dans la banlieue de Paris où il se cache, a pu ignorer un certain temps la mort de la rôtisseuse, ou, le sachant, n'a pas voulu renoncer à une rime qui lui plaisait, ou plutôt l'on a continué à appeler la boutique *Chez la Machecoue* même après sa mort. Voir *Recherches,* t. I, p. 48-49.

MACQUAIRE [*T. 1418*] *:* C'était un mauvais cuisinier, déjà raillé par Geoffroy de Paris dans le *Martire de saint Bacus;* mais c'était aussi un saint qui avait eu de nombreux débats et aventures avec les démons et qui était fréquemment représenté sur les bas-reliefs et les vitraux. C'était surtout un traître de la lignée de Ganelon qui, par ses mensonges, avait réussi à faire bannir la reine Sebile et qui avait assassiné le fidèle Auberi de Montdidier. Mais le chien de ce dernier vengea son maître et tua Macquaire en combat singulier. Voir *Recherches,* t. II, p. 472.

MACROBES [*T. 1547*] *:* Érudit latin qui écrivit, vers 400, un commentaire du *Songe de Scipion* de Cicéron et des *Saturnales* où, sous une forme dialoguée, il a voulu traiter de diverses questions dont les grammairiens s'occupaient, mais où il parle surtout de Virgile, vantant ses connaissances rhétoriques, juridiques, archéologiques, astronomiques.

MAGDELAINE (la) [*D. V, 16*] *:* En fait, il ne s'agit pas de la pécheresse repentie Marie-Madeleine de Magdala, mais de sainte Marie l'Égyptienne (voir ce nom).

Maître des testaments [*T. 1952*] : Juge ecclésiastique chargé en dernier ressort de tout ce qui concernait les testaments.

MARCEAU (Jean) [*L. 202 ; T. 1275*] : Agé de soixante-sept ans en 1461, ce vieillard était détesté, de côtés fort divers, pour de nombreuses raisons. Prêteur sur gages et usurier, il avait détruit à Rouen soixante ou quatre-vingts marchands par sa rapacité. Partisan des Anglais en Normandie, il avait été un parfait collaborateur, leur fournissant des armes et des armures. Comme il avait ruiné de nombreuses familles, on applaudit lorsqu'il fut condamné à plusieurs reprises pour malversations et emprisonné, en butte à de grands procès précisément dans les années 1461-1463. Il avait maille à partir avec le prévôt de Paris Robert d'Estouteville dont Villon recherchait la protection et qui lui devait cent livres tournois de rente en monnaie de Normandie. Il était l'objet des soins attentifs et de l'animosité de Louis XI et de Charles de Melun. Il invoqua le privilège de cléricature : en vain, car le procureur du roi démontra qu'il n'y avait plus droit, s'étant adonné à l'usure, ayant vécu avec des jeunes filles et porté des habits dissolus. Voir *Recherches,* t. II, p. 434-437.

MARCHANT (Perrenet) dit le Bâtard de la Barre [*L. 177-178 ; T. 764, 937, 1094-1095*] : Mort en 1493. C'était un sergent à verge du roi au Châtelet, autrement dit, il servait de garde du corps au prévôt de Paris qui, en 1456, se trouvait être Robert d'Estouteville à qui Villon a offert une ballade, *Au point du jour...* P. Champion a pensé qu'il connaissait bien Marthe. Peut-être a-t-il joué un rôle auprès de Catherine, ou été indicateur de police. Voir *Recherches,* t. I, p. 274-284.

MARCHANT (Ythier) [*L. 81 ; T. 199 (sous forme d'anagramme), 970, 1024*] : D'une famille de hauts fonctionnaires et de financiers. Pendant le Bien Public (1465), il fut le porte-parole des princes révoltés. Charles de France, le frère du roi, fit de lui, en Guyenne, le maître de sa Chambre aux deniers ; Louis XI tenta de se l'attacher par d'alléchantes promesses ; mais Marchant persista dans son attitude d'hostilité envers Louis XI : il fut l'âme de tous les complots, se réfugia auprès de Charles le Téméraire à la mort du duc de Guyenne, fut accusé d'avoir comploté avec Jean Hardi l'empoisonnement du souverain français. Il mourut en prison, sans doute assassiné, vers 1474. Voir *Recherches,* t. I, p. 259-274.

Marché au filé [*T. 1514*] : Marché à la Lingerie, à côté du cimetière des Innocents.

MARGOT (la Grosse) [*T. 1583, 1602*] : A la fois nom de nombreuses prostituées et d'un logis où se retrouvaient filles et mauvais garçons : Regnier de Montigny fut banni de Paris en 1452 pour avoir rossé des sergents du guet à la porte de la Grosse Margot.

MARIONNETTE [*T. 1780*] : Personnage féminin d'une chanson populaire. Voir l'article cité de *L'Information littéraire*.

MARLE (le jeune) [*T. 1266*] : Merle. Que signifie exactement l'adjectif *jeune* ? Ou bien l'expression est à prendre dans son propre sens propre : il s'agirait de Merle le Jeune (le ms. A donne *Germain de Merle*), déjà changeur sur le Pont en 1457. Ou bien il y antiphrase, et *jeune* signifie *vieux* : ce serait alors le père, Jean de Merle, très puissant financier, qui mourut en janvier 1462. Le passage est dès lors d'une singulière cruauté. Voir *Recherches*, t. II, p. 421-428.

MARQUET [*T. 1830*] : Vieux policier, sans doute chassé par Tristan l'Hermite.

MARS [*D. V, 31*] : Fils de Junon, dieu de la guerre chez les Romains.

MARTHE [*T. 950-955 (en acrostiche)*] : Peut-être un des deux grands amours de Villon. Voir *Recherches*, t. I, p. 71-129.

MARTIAL [*T. 69*] : Nom de nombreux saints ; sans doute saint Martial de Limoges, mort en 1250 ; mais Villon cite ce nom en raison du jeu de mots avec Mars, dieu de la guerre.

Mathelins (l'ordre des) [*T. 1280*] : Déformation plaisante du mot *Mathurins*. L'ordre des trinitaires, fondé en 1198 par Innocent III pour libérer les chrétiens devenus esclaves des Sarrasins, s'installa au début du XIIIe siècle près d'une chapelle dédiée à saint Mathurin. Les religieux de la Trinité prirent ce nom qu'ils communiquèrent à la rue (rue des Mathurins-Saint-Jacques, du XVe siècle à 1867) et aux autres maisons de leur ordre en France. Saint Mathurin, qui avait guéri la fille de l'empereur Maximilien, fut invoqué pour la guérison des fous ; de là, des locutions comme *devoir une chandelle à saint Mathurin*, « être attaqué de folie » ou *envoyer à saint Mathurin*, « envoyer à l'asile d'aliénés ». Sous l'influence de *matto* « fou », le mot passa à *mathelin*, d'autant plus facilement que l'*r* médiéval était un *r* roulé, donc proche de l'*l*. Voir *Recherches*, t. II, p. 445-446.

MATHIEU [*T. 1179*] : Matheolus, clerc misogyne, auteur du *Liber Lamentationum* (fin du XIIIe siècle), traduit au XIVe siècle par Jean Le Fèvre : c'est un plaidoyer, plein de verve, contre les femmes, qui ne sont bonnes qu'à faire souffrir les hommes et à cause de qui le mariage devient une épreuve pour s'assurer le Paradis.

MATHIEUSALE [*T. 64*] : Déformation populaire et plaisante de

Mathusalem, patriarche qui, selon la Genèse, aurait vécu neuf cent soixante-neuf ans.

Maubué (la fontaine) [*T. 1076*] : Sous Philippe Auguste, pour alimenter Paris, on capta les eaux du Pré-Saint-Gervais et des hauteurs de Belleville qui furent acheminées par deux aqueducs dans deux réservoirs qui pourvoyaient les fontaines publiques. Les premières furent celles des Halles, des Saints-Innocents, et la fontaine Maubué qui, citée déjà en 1320, reconstruite en 1733, se trouvait en face du numéro 121 de la rue Saint-Martin. Démolie en 1934, elle n'a pas encore été reconstruite, contrairement à ce que répètent les commentateurs.

MAUPENSÉ [*L. 111*] : Personnification de l'homme stupide (Malpensé).

MAUTAINT (Jean) [*L. 161 ; T. 1366*] : Notaire du roi au Châtelet en 1440 ; examinateur au Châtelet dès 1454 ; chargé, en 1457, d'instruire l'affaire du Collège de Navarre. Mauvais payeur, paraît-il. Sans doute jeu de mots sur son nom, *mau-taint* rappelant le *mau hasle* qui noircit les pendus *(T. 1722-1723)*.

Mendiants [*L. 249 ; T. 1649, 1969 ; Frères mendiants* [*T. 1158*] :
1. Les carmes (voir ce mot) ;
2. Les dominicains ou jacobins (voir ce mot) ;
3. Les franciscains, nommés aussi frères mineurs ou cordeliers à cause de leur ceinture de corde à trois nœuds, et dont l'ordre avait été institué par saint François d'Assise ;
4. Les augustins qui se prétendaient issus de la communauté établie à Tagaste par saint Augustin.
Ces ordres se répandirent surtout au XIIIe siècle, concurrençant les séculiers pour la prédication, l'enseignement et la confession. Voir *Recherches*, t. II, p. 360-365.

MEREBEUF (Pierre) [*L. 265 ; T. 1046*] : Riche drapier demeurant rue des Lombards, allié à la famille de Nicolas de Louviers. Jeu de mots sur son nom *(bœuf)*.

Meun [*T. 83, 1633*] : Meung-sur-Loire, où fut emprisonné Villon.

MEUN (Jean de) [*T. 1178*] : Un des plus importants poètes du Moyen Age, qui acheva vers 1280 la seconde partie du *Roman de la Rose*, dont l'influence fut extraordinaire jusqu'au XVIe siècle (voir D. Kuhn, *La Poétique de Villon*, Paris, 1967). Il traduisit aussi les lettres d'Abélard et d'Héloïse, le *De re militari* de Végèce et composa un *Testament* en quatrains d'alexandrins monorimes.

MICHAUT le bon Fouterre [*T. 922-923*] : Personnage légendaire, lubrique et obscène, qui, selon un poème intitulé *Les Coquards*, mourut d'avoir trop voulu complaire à sa dame. Voir *Recherches*, t. I, p. 116-117.

MILLIÈRES (Jeanne de) [*L. 104*] : Plaideuse dans un registre du Parlement en 1455. Donnée comme l'amie de R. Vallée.

MONTIGNY (Regnier de) [*L. 130, 139*] : Mauvais garçon et ami de Villon. On lit son nom dans la liste des Coquillards fournie par Perrenet Le Fournier. En 1452, il est banni de Paris pour avoir battu des sergents du guet à la porte de la Grosse Margot. Il est emprisonné à Rouen, Tours et Bordeaux. Il triche au jeu de la marelle. Il trompe et vole un marchand de Poitiers. Il est mêlé au meurtre de Thevenin Pensot. Il dérobe deux burettes d'argent en l'église des Quinze-Vingts, un calice dans l'église de Saint-Jean-en-Grève. Il est pendu en 1457. Son nom reparaît dans la seconde ballade en jargon, mais est absent du *Testament*. Voir notre article cité de *L'Information littéraire,* p. 203-204.

Montmartre [*T. 1551*] : Siège d'une abbaye de femmes qui, fondée en 1134, était en complète décadence au XVe siècle.

Montpipeau [*T. 1671*] : Forteresse à 10 kilomètres au nord de Meung-sur-Loire, mais aussi expression argotique, *aller à Montpipeau,* « voler en pipant, en trompant ». Voir P. Guiraud, les *Locutions françaises,* Paris, 1962, p. 96-97.

MOREAU (Jean) [*T. 774*] : Maître juré du métier des rôtisseurs à Paris le 10 mai 1454.

Mortier d'or (le) [*L. 257*] : Enseigne d'épicier : c'était le vase à épaisses parois dans lequel on écrasait diverses substances pour la cuisine, la pharmacie et la chimie. De plus, le mortier et le pilon revenaient fréquemment dans la poésie érotique et licencieuse du Moyen Age comme organes complémentaires. Voir *Recherches,* t. II, p. 453 et 456.

Mouton [*L. 170*] : Enseigne, rue de la Harpe.

MOUTON [*L. 142*] : Variantes : Moutonier (F, C), Mautonnier (B), Montonnier (I). Inconnu, à moins que ce ne soit Villon lui-même qui, après avoir grièvement blessé Sermoise, se fit panser chez le barbier Fouquet sous le nom de Mouton. Le mot *Mouton,* enseigne, légataire ou animal, disparaît du *Testament*. Voir notre article de *Romania,* 1964, p. 348-349.

Mule [*L. 90 ; T. 1013*] : Taverne de la rue Saint-Jacques où Villon et ses amis préparèrent le vol au Collège de Navarre. Symbole de la stérilité et de l'entêtement. Voir *Recherches,* t. I, p. 291-297.

NABUGODONOSOR (Nabuchodonosor) [*D. V, 4*] : Roi de Chaldée (605-552 av. J.-C.), il s'empara à deux reprises de Jérusalem. Il fut métamorphosé en bête (*Daniel,* IV, 25-31), ou se crut transformé en bête : ce serait un phénomène de lycanthropie. Voir le beau texte d'A. d'Aubigné, *Les Tragiques,* livre VI, 369-423.

NARCISSUS [*T. 637; D. V, 18*] : Narcisse, beau jeune homme qui méprisait l'amour et dont Pausanias et Ovide nous ont raconté l'histoire. Selon ce dernier, Narcisse fut l'objet de la passion de nombreuses jeunes filles et nymphes, et en particulier d'Écho (voir ce nom). Mais il demeura insensible. Les filles méprisées demandèrent à Némésis de les venger. Aussi, au retour d'une chasse, Narcisse, se penchant sur une source pour s'y désaltérer, aperçut-il son visage, si beau qu'il en devint amoureux. Insensible au reste du monde, il se laissa mourir, toujours penché sur son image. A l'endroit où il mourut, poussa le narcisse. Cette légende a inspiré plusieurs auteurs au Moyen Age, comme l'attestent, au XIIᵉ siècle, un court roman antique, *Narcissus* (éd. Pelan-Spence, 1964), au XIIIᵉ siècle, un passage du *Roman de la Rose* de Guillaume de Lorris (vers 1437-1504, éd. F. Lecoy, 1965), au XVᵉ siècle, *Narcissus,* poème dramatique en strophes d'alexandrins.

Nijon [*L. 138*] : Entre Chaillot et Passy, sur l'emplacement de l'actuel Trocadéro. Sans doute en ruine.

NOÉ [*T. 1238*] : Patriarche. Sauvé du déluge grâce à l'arche. Ayant découvert la vigne, il s'enivra et se dénuda. Cham se moqua de son père qui le maudit (*Genèse,* IX, 20-23). Voir *Recherches,* t. II, p. 416-418.

NOËL : Voir *Jolis.*

OCTOVIEN [*D. V, 23*] : Allusion à une anecdote tirée du *Roman des Sept Sages de Rome,* roman à tiroir formé de quinze contes. Il est question d'Octovien en deux d'entre eux. Dans le sixième, l'empereur Octovien était à Rome le plus riche et le plus puissant des princes de son temps ; dans le septième, il est supplicié par les Romains qui firent fondre un bassin d'or et le lui coulèrent par la bouche dans le corps.

OGIER LE DANOIS [*T. 1803*] : Héros épique qui présentait au Moyen Age plusieurs visages : 1° le héros de *La Chevalerie Ogier,* révolté, fier, cruel, qui, parce que son fils a été tué par celui de Charlemagne, met à mort Amis et Amile et massacre tous les gens qu'il rencontre ; 2° le personnage de roman, célèbre par ses prodigieuses aventures en Orient et dans les bras de la fée Morgane ; 3° le bras droit, souvent méconnu, de Charlemagne ; 4° le défenseur de la justice et de l'innocence ; 5° le héros du pays liégeois ; 6° surtout, le symbole de la force et du courage. Voir *Recherches,* t. II, p. 490-498.

Onze-vingts sergents [*T. 1086*] : Sergents de la prévôté de Paris, répartis en deux compagnies de cent dix hommes chacune.

ORACE [*T. 276*] : Nom que Villon donne à son bisaïeul.

ORDRES (des cieux) [*T. 838*] : Les neuf chœurs des anges :

possède pas et que le huitain est un tissu de plaisanteries, que, d'autre part, il est peu vraisemblable qu'un roman picaresque de sa composition ait disparu sans laisser de trace si l'on en juge par sa notoriété qu'attestent, entre autres, *Les Repues franches,* on peut soutenir que ce roman n'aurait jamais existé sinon dans l'imagination, la mémoire ou la conversation de l'étudiant qui se serait plu à développer devant son tuteur d'ingénieux parallèles entre les romans médiévaux et les aventures burlesques de son temps. Voir *Recherches,* t. I, p. 253-257.

Petit Pont [*T.1533*] *:* Entre la Cité et la rue Saint-Jacques, comme aujourd'hui, il existe depuis plus de vingt siècles, détruit au moins onze fois entre 1186 (il fut alors construit en pierre) et 1718, quand on le débarrassa des maisons qui l'encombraient. Important nœud de circulation, il comportait de nombreuses boutiques et l'on y percevait une taxe sur les passants et les marchandises.

PHÉBUS [*D. V, 29*] *:* Le Soleil.

PHILIBERT [*T.1830*] *:* Autre sergent grotesque et taré révoqué par Tristan l'Hermite.

Picard [*T.37*] *:* Mot polyvalent dans ce contexte : Villon priera comme les *hérétiques picards,* les Vaudois de Flandre et de Picardie qui jugeaient la prière inefficace et en condamnaient l'usage ; il fera une prière d'hérétique (sera-t-elle valable ?) ; il fera une prière *piquante* dont le lecteur devra découvrir le sel et le venin ; il fera une prière en *dialecte picard,* comme certains compagnons de la Coquille. Voir *Recherches,* t. I, p. 179 sq.

Pierre au lait [*L.150*] *:* Partie de la rue des Écrivains (aujourd'hui rue de Rivoli) comprise entre le porche occidental de Saint-Jacques-de-la-Boucherie et le carrefour de la Savonnerie et de la Vieille Monnaie.

PLAISANCE [*T.747-748*] *:* C'est ce personnage que Villon appelle son *official* (juge ecclésiastique) *Qui est plaisant et advenant,* à prendre dans un sens antiphrastique. Étienne Plaisance était chanoine de Saint-Aignan d'Orléans, docteur en lois et en décret, recteur de l'Université d'Orléans ; il fut l'exécuteur testamentaire de Thibaut d'Aussigny.

Poitou [*T. 1065*] *:* En argot, pays imaginaire, synonyme de *non* et de *rien,* pays fictif où l'on dit non, à rapprocher d'*aller à Niort,* équivalent de *nier.* Quand Villon parle *un peu poitevin,* il veut dire qu'il refuse de préciser l'endroit où il habite et d'acquitter sa dette envers Robin Turgis. Les Poitevins passaient aussi pour lâches, avares, versatiles, légers et faux. Voir *Recherches,* t. I, p. 89-92.

Pomme de Pin [*L. 157 ; T. 1045*] *:* Taverne rue de la Juiverie, dans la Cité.

POMPÉE [*D. XII, 21*] *:* Pompée (106-48 av. J.-C.). Triumvir avec Crassus et César, puis seul consul. Vaincu à Pharsale par César. Réfugié en Égypte où il fut mis à mort sur l'ordre de Ptolémée.

POULLIEU (Jean de) [*T.1174*] *:* Docteur de l'Université de Paris, dont les propositions furent condamnées en 1321 par le pape Jean XXII. Comme Guillaume de Saint-Amour que loua Rutebeuf, il condamna les ordres mendiants, affirmant que les fidèles qui avaient des religieux pour confesseurs devaient se confesser à nouveau aux curés.

Pourras [*T.1157*] *:* Port-Royal, près de Chevreuse, dont l'abbesse Huguette du Hamel en 1454 ou 1455 eut une conduite scandaleuse qui défraya la chronique et lui valut plus tard d'être emprisonnée, puis de perdre son bénéfice.

Poussinière (l'étoile) [*D. XII, 26*] *:* Constellation des Pléiades.

PRÉVÔT DES MARÉCHAUX [*T.1833*] *:* Chef de la police militaire, Tristan l'Hermite, un des agents favoris de Louis XI.

PRIAM [*D. XII, 15*] *:* Roi des Troyens, père d'Hector et de Pâris, tué par Pyrrhus après un siège de dix ans.

Prince des Sots [*T. 1078*] *:* Le mot, dans le passage, a un sens commun (celui qui a peu d'intelligence et de jugement) et un sens technique : il désigne des acteurs, le plus souvent amateurs porteurs de la marotte et du bonnet à oreilles d'âne et à grelots, qui organisent des spectacles, commençant à l'ordinaire par des *soties*, conversations, souvent sur des sujets politiques, entre sots qui s'accordent toutes les libertés, utilisant toutes les ressources du comique, se complaisant dans le déguisement et la satire contestataire. Le chef de la bande s'appelait *Le Prince des Sots* ou *La Mère Sotte*. En 1461, c'était Guillaume Guéroult. Voir *Recherches*, t. II, p. 330-331.

PROSERPINE [*D. V, 8*] *:* Reine des Enfers dans la mythologie latine. Fille de Cérès, enlevée par Pluton alors qu'elle cueillait des fleurs dans les champs d'Enna en Sicile.

PROVINS (Jean) [*T. 774*] *:* Pâtissier établi rue du Chaume (selon des documents de 1457-1459).

PSALMISTE (le) [*D. VIII, 41*] *:* Voir David.

Psautier [*T. 45, 1810*] *:* Soit recueil de 150 psaumes, soit le grand chapelet monastique qui comporte autant de grains que David a composé de psaumes.

Quinze Signes [*L. 253*] *:* Signes qui devaient annoncer la fin du monde et le Jugement dernier. Par exemple, du ciel tombera une pluie de sang, les étoiles seront précipitées sur la terre, le soleil s'obscurcira, montagnes et vallées se nivelleront. Voir *Recherches*, t. II, p. 379-380, et W. W. Heist, *The Fifteen Signs before Doomsday*, Michigan, 1952.

Quinze-Vingts (les) [*T. 1728-1730*] : Maison des aveugles à Paris, dans la rue Saint-Honoré, à l'emplacement de l'actuelle rue de Rohan, fondée entre 1254 et 1261 par Saint Louis pour trois cents aveugles pauvres qui, en outre, furent autorisés à mendier dans les rues. L'enclos n'était pas assujetti aux taxes ; aussi était-il habité de nombreux artisans.

RAGUIER (Jacques) [*L. 153 ; T. 1038-1039, 1943*] : En 1417, gruyer des forêts d'Eruye et de Fresnes ; en 1423, queux ou gentilhomme de cuisine ; en 1447, premier queux du roi Charles VII ; en 1452, premier queux de bouche. Voir nos articles dans *Romania*, 1965, p. 384-386 et 1970, p. 542-553.

RAGUIER (Jean) [*L. 131 ; T. 1070*] : Un des douze sergents attachés à la personne du prévôt de Paris.

REGNIER [*T. 1375*] : René d'Anjou, roi de Sicile, né en 1409, mort en 1480. Prince, poète et peintre. Il échoua à s'assurer la possession du royaume de Sicile dont il avait hérité à la mort de la reine Jeanne. Parmi ses œuvres les plus importantes, *Le Livre des tournois* (1450), exposé en prose des règles des tournois ; *Le livre du cœur d'amour épris* (1457), qui retrace en prose et vers l'itinéraire d'un amour ; *Le Mortifiement de vaine plaisance* (1455), méditation en prose sur la conversion d'une âme. « Son œuvre littéraire est surtout importante pour l'histoire des idées chevaleresques, de la pensée mystique et de la vision allégorique » (D. Poirion).

RICHER (Denis) [*T. 1089*] : Sergent royal de 1455 à 1468.

RICHER (Pierre) [*T. 1283*] : Professeur à la Faculté de Théologie, directeur d'une école réputée, mort curé de Saint-Eustache au début de 1463. Jeu de mots sur son nom : c'est le professeur qui apprend à s'enrichir.

RIOU (Jean) [*T. 1126*] : Marchand pelletier et capitaine des archers de la ville de Paris, qui avait un rôle décoratif dans les fêtes et les cérémonies. Mort en 1467.

ROBERT (le petit maître) [*T. 750*] : Bourreau d'Orléans, fils de bourreau.

ROSE [*T. 910*] : Ici, c'est un nom commun qui désigne Catherine de Vaucelles. La locution *ma rose* pour désigner la femme était couramment employée dans la poésie amoureuse et les dialogues de farce. Il rappelle aussi le titre et l'allégorie du célèbre *Roman de la Rose*. Voir *Recherches*, t. I, p. 79-80.

Rose (Roman de la) [*T. 113-114*] : Ouvrage capital du Moyen Age, dont l'influence s'est exercée jusqu'en pleine Renaissance, et qui comporte deux parties : la première, de 4 058 vers, poétique et allusive, due à Guillaume de Lorris, la seconde, de 17 722 vers, éloquente et érudite, composée, quarante ans après, par Jean de Meun, témoignage du XIIIe siècle, « où la mentalité courtoise recule devant les progrès de l'esprit scolastique » (P. Zumthor). La citation des vers 113-114 appartient en fait au *Codicille de maistre Jehan de Meung.*

ROSNEL [*T. 1366*] : Examinateur au Châtelet dès 1453.

ROUSSEVILLE (Pierre de) [*L. 270*] : Notaire au Châtelet, puis, en 1456, concierge de l'étang de Gouvieux (près de Chantilly) dont le château royal était en ruine.

RU (Guillaume du) [*T. 1961*] : Marchand de vins en gros, maître de la Confrérie des marchands de vins de l'Église Saint-Gervais, de 1451 à 1454. De la même famille, Jean du Ru, chapelain de Saint-Benoît.

Ruel [*T. 1672*] : Rueil dans les Hauts-de-Seine, le Rueil de R. Queneau ; mais aussi jeu de mots : aller à Rueil, c'est *ruer,* « attaquer à main armée, détrousser ».

RUEL (Jean de) [*T. 1365*] : Licencié en lois et auditeur au Châtelet en 1461. Conseiller du roi, échevin de Paris, lieutenant de la prévôté, seigneur de Vaux près d'Argenteuil, anobli. Mort en 1491. Son frère Pierre était un épicier fort important. Sans doute jeu sur ce nom (voir le mot précédent).

Sage (le) [*T. 209, 1461*] : L'Ecclésiaste. En 209, il s'agit de XI, 9-10 : « Laetare ergo juvenis in adolescentia tua... Adolescentia enim et voluptas vana sunt » ; en 1461, de VIII, 1 : « Non litiges cum homine potente, ne forte incidas in manus illius. »

SAINT-AMANT (Pierre de) [*L. 89; T. 1007*] : Receveur des finances en 1431, est secrétaire du Trésor dès l'année 1447, c'est-à-dire qu'il écrit sur un livre appelé le *Journal du Trésor,* en recette et en dépense, le budget du royaume. Avec le changeur du Trésor, lequel dispose des deniers publics, c'est peut-être le personnage le plus puissant de l'administration royale. Il était allié aux Montigny. Voir *Recherches,* t. I, p. 284-297.

Saint-Antoine (rue) [*L. 226*] : La rue la plus large de Paris à l'époque, utilisée comme lieu de promenade et terrain de lices ; existe encore aujourd'hui.

Sainte-Avoie [*T. 1868*] : Couvent rue du Temple. Le nom de Sainte-Avoye, qui devint celui d'une rue (jusqu'en 1851, partie de la rue du Temple entre les rues des Haudriettes et Saint-Merri) et de tout un quartier, provenait du nom d'une communauté de veuves, fondée sous Saint Louis, par un curé de Saint-Merri, *les Bonnes-Femmes de Sainte Hedwige* (duchesse de Pologne, 1174-1243). La chapelle était au premier étage ; on ne pouvait donc y enterrer personne. De plus, jeu de mots, *avoier* signifiant en ancien français « mettre sur la bonne voie ».

Saint-Denis [*T. 339*] : Abbaye bénédictine dont l'église servait de
sépulture aux rois de France et aux princes du sang.

Saint-Génerou [*T. 1064*] : Saint-Generou dans les Deux-Sèvres.
Jeu de mots : comme on prononçait *Genesou* (*chaire* passa alors
à *chaise*), on entendait : *je ne souds,* « je ne paie pas ». Voir
Recherches, t. I, p. 92-93.

Saint-Jacques [*L. 120*] : Église Saint-Jacques-de-la-Boucherie, à
proximité du Châtelet, sur l'emplacement de l'actuel square
Saint-Jacques. Construite en 1060, elle fut appelée Saint-
Jacques-de-la-Boucherie sous le règne de Saint Louis, car les
bouchers étaient les plus nombreux et les plus importants de ses
paroissiens. Son flanc nord était bordé de logettes pour écrivains
publics. Face à l'actuelle rue Nicolas-Flamel, l'église avait un
portail latéral construit aux frais de ce dernier qui fut le plus
célèbre bienfaiteur de cette église et qui, écrivain-juré, enlumi-
neur et libraire, passait pour avoir découvert la pierre philoso-
phale à quoi l'on attribua sa très grande fortune. Le clocher de
l'église, d'abord sur le flanc nord, fut remplacé, de 1508 à 1522,
par notre tour Saint-Jacques, placée à droite et un peu en arrière
du portail de la façade.

Saint-Julien-de-Voventes [*T. 1064*] : Saint-Julien-de-Vouventes en
Loire-Atlantique. En plus, un jeu de mots sur *voventes :* ce sont
vos ventes, « ce que vous m'avez vendu ». Autrement dit, avec
Generou, « je ne paie pas ce que vous m'avez vendu ». Voir
Recherches, t. I, p. 92.

Saint-Mor [*L. 259*] : Abbaye de Saint-Maur-les-Fossés, au sud-est
de Paris. *Une potence saint Mor* est une béquille.

Saint-Omer [*T. 615*] : Ville du Pas-de-Calais.

Saint-Satur-sous-Sancerre [*T. 925*] : Saint-Satur dans le Cher. Mais
satur pour un clerc devait évoquer l'idée de *planter,* de *procréer,*
et l'adjectif latin *satur* signifiait « rassasié ». De même la
précision *sous Sancerre* rappelle, outre la ville, l'expression *tenir
serre,* « tenir fermement embrassé, sens érotique ». Voir
Recherches, t. I, p. 117-118.

Salins [*T. 1278*] : Salins dans le Jura, dont le nom évoque, de plus,
le trafic du sel qui a enrichi les « trois pauvres orphelins ».

SALMON [*T. 58, 630 ; D. XI, 35*] : Salomon, roi d'Israël, qui édifia
le Temple de Jérusalem. Il eut sept cents femmes et trois cents
concubines. On lui attribuait l'*Ecclésiaste* et le livre des *Pro-
verbes.* Symbole de la sagesse et de la puissance. Dans *Le Débat
du cœur* (XI, 35), il est fait allusion à la *Sagesse,* VII, 17-19 :
« Ipse enim dedit mihi horum quae sunt scientiam veram ut
sciam dispositionem orbis terrarum, et virtutes elementorum...
anni cursus et stellarum dispositiones. »

SAMSON [*T. 631*] : Juge d'Israël d'une force tout herculéenne, dont le principe résidait dans ses cheveux. Trompé par la Philistine Dalila, rasé, livré à ses ennemis, il ébranla, ses cheveux ayant repoussé, les colonnes centrales du Temple du Dragon qui l'écrasèrent avec ses ennemis (*Juges*, XIII-XVI).

SARDANA (SARDANAPALUS) [*T. 641 ; D. V, 32*] : Peut-être abréviation cocasse de Sardanapale qui était célèbre par son luxe et sa mollesse et qui, pour échapper à ses satrapes révoltés, se fit brûler dans son palais de Ninive avec ses femmes et ses trésors.

SATURNE [*D. XI, 32*] : Dieu romain qui a donné son nom à une planète, jugée défavorable aux personnes nées pendant sa période ascendante.

Saucissière [*T. 541*] : Femme ou employée d'un charcutier.

Savetière [*R. 535*] : Femme, maîtresse ou employée d'un ouvrier, qui raccommodait de vieux souliers.

SCIPION L'AFRIQUAN [*D. XII, 19*] : Scipion Émilien qui détruisit Carthage en 146 av. J.-C.

SCOTISTE (le roi) [*T. 365*] : Jacques II d'Écosse, mort en 1460 de l'éclatement d'un canon. « Icelluy roy, dit Jacques Du Clercq, avoit la moictié de son visaige rouge comme sang, et tel yssit du ventre de sa mère. »

SÉNÉCHAL (le) [*T. 1820*] : Sans doute Pierre de Brézé, grand sénéchal de Normandie. Parangon de la chevalerie pour les contemporains, chasseur habile et endurant, conseiller dévoué et sagace de Charles VII et de René d'Anjou, sujet loyal qui fut un ennemi acharné et vigilant des Anglais, courtois et éloquent, « le plus bel parlier du temps », plein de panache. Auteur de rondeaux et juge dans *Le Débat du vieil et du jeune de Blosseville*. Chanté par G. Chastellain, soit dans sa *Chronique*, soit dans sa *Déprécation pour messire Pierre de Brézé*. Banni en septembre 1461, il se constitue prisonnier à la fin de cette même année, c'est-à-dire à l'époque où Villon compose *Le Testament*. En mai 1462, il est libéré, et son fils aîné Jacques épouse Charlotte de Valois, fille de Charles VII et d'Agnès Sorel. Tué à la bataille de Montlhéry en 1465. Voir *Recherches*, t. II, p. 511-526.

Serbonne [*L. 276*] : Sorbonne, école de théologie de l'Université de Paris, fondée en 1257 par Robert de Sorbon, chapelain de Saint Louis. Ce collège permettait à des ecclésiastiques pauvres de vivre en communauté tout en s'instruisant pour pouvoir ensuite enseigner la théologie. Agrandi de plus en plus, il fut consacré, pour une part, à l'enseignement de la philosophie et des humanités (collège de Calvi) et devint très prospère : dans son enceinte, furent dressées en 1470 les presses de la première imprimerie de Paris. La Sorbonne prit parti contre Jeanne d'Arc.

SIDOINE (dame) [*T. 1475*] : Maîtresse du gras chanoine. Nom de la maîtresse de Ponthus dans un roman du xvᵉ siècle, très prisé jusqu'au début du xviiᵉ siècle, *Le Roman de Ponthus et Sidoine*.

SIMON MAGUS [*D. V, 21*] : Simon le Magicien, juif, qui voulut acheter à Pierre le pouvoir de conférer les dons du Saint-Esprit (*Actes des Apôtres,* viii, 9 sq.). De cette anecdote vient le terme de « simonie » pour désigner le trafic des choses saintes.

TABARIE (Guy) [*T. 859*] : Prit part avec Villon, Damp Nicolas, Colin de Cayeux et Petit Jean au vol du Collège de Navarre (Noël 1456). En mai 1457, le curé de Paray près de Chartres, Pierre Marchand, suscita les confidences de Tabarie qui décrivit par le menu le cambriolage et révéla que Villon, au départ de Paris, s'était dirigé vers Angers pour y commettre un vol au détriment d'un religieux. Le prêtre rapporta tout à la police. Arrêté au milieu de 1458, interrogé et torturé, Tabarie, après avoir essayé de nier, fit des aveux circonstanciés qui mettaient en cause ses complices et en particulier Villon. Contre la promesse de payer cinquante écus, il fut remis en liberté à la fin de l'année. Villon nous dit qu'il *grossa* le prétendu roman : il le copia, *le grossoya*, mais il *grossit* l'affaire du Collège de Navarre ; il est *hom véritable* : il a trop fidèlement raconté l'histoire à tout venant, ou, par antiphrase, c'est un menteur, un fabulateur. Voir *Recherches*, t. I, p. 251-257.

TACQUE THIBAUT [*T. 737*] : Favori du duc de Berry dont Froissart a parlé dans ses *Chroniques* pour dire qu'à l'origine valet et chaussetier, T. Thibaut s'appropria une puissance qu'il ne méritait d'aucune manière, qu'il n'avait aucune qualité, qu'il était le mignon du duc de Berry, qu'il s'enrichit honteusement, amassant de l'or et des joyaux levés sur les malheureux habitants d'Auvergne et de Languedoc. Assimiler Thibaut d'Aussigny à Tacque Thibaut, c'est l'accuser d'être un parvenu, d'avoir des mœurs anormales, d'être cupide et indigne de sa charge. Voir *Recherches,* t. I, p. 169-170.

TAILLEVENT [*T. 1414*] : Cuisinier célèbre qui vécut de 1326 à 1395, et qui fut successivement chef de cuisine, *queux* de Philippe VI, écuyer de cuisine en 1381, premier écuyer de cuisine en 1388. Il écrivit un ouvrage, *Le Viandier*, où il traite en particulier de la manière d'accommoder les viandes. Voir *Recherches,* t. II, p. 465 et 472.

TANTALUS [*D. V, 7*] : Roi du mont Sipyle, puni pour avoir révélé aux hommes les secrets des dieux qui l'avaient admis à leur table, ou pour avoir immolé son fils Pélops qu'il servit aux dieux ; son supplice revêt des formes différentes, qu'il soit placé aux enfers sous une pierre énorme, toujours sur le point de tomber, ou en proie à une soif et à une faim éternelles : dans l'eau jusqu'au cou, le liquide fuyait chaque fois qu'il tentait d'y tremper sa bouche, et une branche chargée de fruits, qui pendait au-dessus de sa tête, remontait s'il levait le bras.

TAPISSIÈRE (G. la) [*T. 543*]. Femme, maîtresse ou employée d'un homme qui vendait ou faisait toute sorte de meubles de tapisscrie et d'étoffe, et qui se chargeait de tendre les tapisseries dans les maisons, de garnir les fauteuils.

TARANNE (Charlot) [*T. 1339*] : D'une des plus riches familles de Paris. Changeur. Ses biens furent confisqués par les occupants anglais. Poursuivi pour blasphème en 1461. Mort avant 1464.

THAÏS [*T. 331*] : Comédienne et courtisane égyptienne d'une si grande beauté que ses amants se ruinaient et s'entretuaient. A. France précise qu' « elle ne craignait pas de se livrer à des danses dont les mouvements, réglés avec trop d'habileté, rappelaient ceux des passions les plus horribles. Ou bien elle simulait quelqu'une de ces actions honteuses que les fables des païens prêtent à Vénus, à Léda ou à Pasiphaé ». Convertie par l'abbé Paphnuce, elle brûla, au milieu de la ville, tout ce qu'elle avait gagné par ses péchés, puis vécut pendant trois ans dans la plus dure des réclusions, enfermée dans une petite cellule dont la porte avait été scellée et qui ne comportait qu'une petite fenêtre par où on lui passait un peu de nourriture. Paphnuce l'en retira, quand une vision eut attesté que la pécheresse avait été purifiée, et sa vie se prolongea encore quinze ans. Voir la *Légende dorée* de Jacques de Voragine (éd. Garnier-Flammarion, II, p. 270-272).

C'était aussi le nom d'une courtisane grecque du IVe siècle avant Jésus-Christ qui séduisit tour à tour le poète Ménandre, Alexandre le Grand et Ptolémée, le futur roi d'Égypte.

THAMAR [*T. 651*] : Voir Amon.

THEOPHILUS [*T. 886*] : Théophile était le vidame d'une église de Cilicie. Après avoir refusé de succéder à son évêque, il fut disgracié par le nouvel élu et destitué de ses fonctions. Irrité de cette injustice, il fit, par l'intermédiaire d'un juif, un pacte avec le diable. Mais bientôt il se repentit et implora la Vierge qui obligea le diable à lui rendre le pacte signé de lui. Histoire très populaire au Moyen Age, comme en témoignent le récit de Gautier de Coici et le *Miracle de Théophile* de Rutebeuf.

TRICOT [*T. 1955*] : Maître ès arts en 1452, camarade d'études de Villon.

TROÏLE [*T. 1377*] : Troïle, fils de Priam, ami de Briséida qui lui préféra le Grec Diomède. Tué par Achille qui le surprit un soir qu'il menait les chevaux à l'abreuvoir ou qui le sacrifia après l'avoir capturé. Connu au Moyen Age par *Le Roman de Troie* de Benoît-de-Sainte-Maure et surtout par le *Roman de Troyle et de Criséida,* adaptation par Pierre de Beauvau (1380-1436) d'*Il Filostrato* de Boccace. Allusion cruelle à Louis de Beauvau, fils de Pierre, vaincu dans le tournoi qui l'opposa à Robert d'Estouteville.

Trois Lis [*L. 151*] : Une des geôles du Châtelet. Équivoque sur *lits* et *lis,* des armes de France.

Trou Perrette [*T. 1959*] : Tripot de la Cité, dans la rue aux Fèves, en face de *La Pomme de Pin.*

Trouscaille (Robin) [*T. 1142*] : Déformation du nom de R. Trascaille, clerc de Jean le Picart, conseiller du roi au Trésor ; en 1454, locataire de *L'Homme armé;* en 1457-1458, receveur de l'aide pour l'armée à Château-Thierry ; en 1462, secrétaire du roi, il accomplit une mission à Lyon auprès d'ambassadeurs milanais. Pour comprendre le sens de ce nom de *Trouscaille,* il convient de se rappeler que *caille* désignait une prostituée. Voir *Recherches,* t. II, p. 339-357.

Trouvé (Jean) [*L. 169*] : Valet boucher de la Grande Boucherie en 1447, valet de Jacquet Haussecul en 1458. Violent et brutal, poursuivi plusieurs fois.

Troyens [*D. V, 6*] : Habitants de la ville de Troie, détruite par les Grecs après un siège qui, d'après la tradition homérique, dura dix années.

Trumillières (les) [*L. 102*] : Taverne proche des Halles.

Turgis (Robin) [*T. 774, 1017, 1054*] : Les Turgis possédaient le cabaret de *La Pomme de Pin,* légué dans *Le Lais* à Jacques Raguier, ils étaient très riches et liés aux Fournier et Merle, autres victimes de Villon. C'est aussi un nom de la tradition littéraire, porté dans *La Chanson de Roland* par un Sarrasin, Turgis de Tortelose, puis par le prêtre qui, dans la branche XV du *Roman de Renard,* tente en vain d'attraper le chat Tibert, et par des héros de fabliaux. Voir *Recherches,* t. I, p. 306-307, et *Cours sur la Chanson de Roland,* Paris, CDU, 1972, p. 197-198.

Turlupins [*T. 1161*] : Hérétiques apparentés aux bégards, qui étaient pourchassés et brûlés au XIVe siècle et dont l'une des particularités fut de pratiquer le nudisme avant la lettre. On les accusait des pires débauches.

Vache (la) [*L. 173*] : Enseigne, rue Troussevache (partie ouest, de 1225 à 1822, de la rue La Reynie dans le Ier arrondissement). Avec une équivoque sur le verbe *trousser,* qui signifiait « porter » et « retrousser ».

Vacquerie (La) [*T. 1214-1215*] : François La Vacquerie, maître ès arts (1436), licencié en décret (1442). Promoteur de l'Officialité, c'est-à-dire procureur de l'évêque chargé de la poursuite des criminels de l'ordre clérical. Curé d'Argenteuil (1459). Mort en 1471. Voir *Recherches,* t. II, p. 381-394.

VALÈRE LE GRAND [*T. 159-160*] : Flatteur de Tibère, auteur de neuf livres de *Faits et dits mémorables,* manuel pratique où l'on pouvait trouver tout un arsenal d'anecdotes bien classées sur les cérémonies, les caractères..., compilation de brefs récits curieux et moraux sans valeur scientifique. Mais l'anecdote que cite Villon ne vient pas de Valère Maxime (voir *Diomédès*).

Valérien (mont) [*T. 1554*] : Hauteur à l'ouest de Paris. Jeu de mots : *vale(nt) rien.*

VALLÉE (Robert) [*L. 97, 114*] : Camarade d'études de Villon. Appartenait à la riche bourgeoisie parisienne. Bachelier ès arts (1448), licencié en 1449. Procureur au Châtelet.

VALLETTE (Jean) [*T. 1089*] : Sans doute Jean Valet, sergent à verge au Châtelet (selon des actes échelonnés de 1453 à 1462).

VAUCELLES (Catherine de) [*T. 661*] : Une amie de Villon (son grand amour?). A. Longnon l'a rapprochée d'un certain Pierre de Vaucel, chanoine de Saint-Benoît-le-Bétourné. P. Champion, qui rejette cette identification, nous apprend qu'une famille de Vaucelles habitait à proximité de Saint-Benoît. Le mot, en fait, renferme une équivoque : *vaucel, vaucele,* qui signifiaient « vallon », désignaient aussi, dans la poésie érotique et libre, « les petites vallées du corps de la femme ». Villon, de plus, aura eu plaisir à affubler cette demi-mondaine du nom même d'un vénérable chanoine de Notre-Dame : cette parenté qu'il instituait lui a semblé cocasse. Voir *Recherches,* t. I, p. 86-89.

Vauvert [*T. 1197*] : Allusion à une légende qui survit dans l'expression aller *au diable Vauvert.* Saint Louis avait installé des chartreux à Paris dans le voisinage de Vauvert, un vieux manoir inhabité parce qu'il était infesté de démons : l'on y entendait des hurlements, l'on y voyait des spectres traînant des chaînes et en particulier un monstre vert, avec une grande barbe blanche, moitié homme moitié serpent, armé d'une grosse massue. Les chartreux demandèrent le manoir à Saint Louis qui le leur accorda : les revenants ni le diable de Vauvert n'y revinrent plus. Selon d'autres, ce sont les chartreux eux-mêmes qui, pour s'approprier le château, le peuplèrent d'esprits et de fantômes qui terrorisèrent le voisinage : aussi Saint Louis s'empressa-t-il de le leur abandonner. Voir *Recherches,* t. II, p. 377.

VÉGÈCE [*L. 6*] : Au IVe siècle, Flavius Vegetius Renatus écrivit un *Résumé d'art militaire (Epitoma rei militaris)* en quatre livres, qui prétend remédier à la décadence du présent par les exemples du passé et qui fut traduit au XIVe siècle par Jean de Vignay.

VÉNUS [*D. V, 30*] : Déesse de l'Amour.

Vicêtre [*L. 140; T. 1347*] : Château de Bicêtre : en ruine, repaire de malfaiteurs. Il avait été construit en 1285 sur le territoire de Gentilly par Jean de Pontoise, évêque de Winchester. Selon D. Sauval (II, 118), « c'étoit un château désert, une retraite de hiboux, effroyables la nuit par leurs cris, et rempli de voleurs qui pilloient les passans. Quoique le peuple, qui juge de tout à sa manière, eût bien une autre pensée ; car il croyait que tout étoit plein d'esprits et que les diables y revenoient : ce qui a donné lieu à tant de façons de parler proverbiales, en parlant d'un brise-tout : c'est un vrai Bicêtre, il fait le Bicêtre... ».

VICTOR (saint) [*D. V, 26*] : Soldat qui, arrêté au cours de la persécution de 303, aurait été écrasé entre les meules d'un moulin.

VILLON (Guillaume de) [*L. 70; T. 850*] : Père adoptif de Villon. Originaire de Villon près de Tonnerre, mort en 1468. Maître ès arts, bachelier en décret, chapelain de Saint-Benoît-le-Bétourné, il enseignait les Décrétales à l'école sise à l'enseigne des Connins et habitait l'hôtel de la Porte Rouge, proche de la Sorbonne. Personnage important, il fréquente la famille Luillier et le prieur de Saint-Martin-des-Champs, Jacques Séguin. Il sera emprisonné en 1450 à la suite des longs démêlés qui opposaient la communauté de Saint-Benoît au chapitre de Notre-Dame. Ainsi s'explique le caractère clérical de l'œuvre de Villon qui a reçu l'empreinte de Saint-Benoît et de ses traditions (nationalisme, hostilité contre Notre-Dame de Paris et les ordres mendiants) et sa forte culture religieuse. Voir *Recherches*, t. I, p. 64-66.

VITRY (Thibaud de) [*L. 218; T. 1306 sq.*] : Riche et vieux chanoine de Notre-Dame de Paris, conseiller au Parlement. Voir notre article cité de *L'Information littéraire*.

VOLANT [*T. 1916*] : Guillaume Volant, gros marchand de Paris, vendeur de sel. Mort le 26 août 1482.

SUR QUELQUES NOMS DE MONNAIE
ET AUTRES MOTS

ANGE [*T. 1272*] : Monnaie qui n'était ni française ni valable. Elle
  était même illégale, parce que féodale : elle avait été mise en
  circulation par Guillaume IV de Hainaut, il y avait plus de
  soixante ans. Jeu de mots avec le sens ordinaire du mot, et avec
  son sens argotique, *ange* signifiant « policier ».
ANGELOT [*T. 1272*] : A la fois un petit ange, un fromage fabriqué
  en Normandie et une monnaie anglaise représentant un ange qui
  portait les écus, d'un côté, de France, de l'autre, d'Angleterre :
  d'une valeur des deux tiers du *salut,* elle avait été retirée de la
  circulation en 1436, comme le *salut* et le *noble.*
DÉCUS [*T. 1287*] : On peut y voir, outre le mot latin signifiant
  « honneur », les mots français *d'écus* ou *des culs.* Cette parodie
  irrespectueuse de l'hymne marial, qui n'était pas rare, ne
  choquait pas.
ÉCUS [*T. 917, 1271*] : Écu à la couronne, en or, dont la fabrication
  avait été ordonnée le 12 juillet 1436. Monnaie forte, équivalent
  à vingt-cinq sous tournois, donc à trois cents deniers. Mais aussi
  sens militaire (bouclier) et grivois (c'est une pièce du tournoi
  d'amour).
FLANS [*T. 1296*] : Pâtisserie, mais aussi disque de métal qui servait
  à frapper la monnaie.
PATART [*T. 1232*] : Petite monnaie de cuivre sans grande valeur.
PLAQUES [*T. 1040*] : Monnaie décriée en 1436, fabriquée en
  Brabant, en Flandre, en Lorraine et en France ; mais aussi
  scrofule.
POIRES D'ANGOISSE (manger les) [*T. 740*] : 1. Poires d'un goût
  agréable, puis, à cause du mot *angoisse* (à l'origine, village du
  Limousin), poires d'un goût amer ; 2. Peines morales et
  douleurs ; 3. Instrument de torture que l'on introduisait dans la
  bouche pour obtenir le plus grand écartement possible des
  mâchoires.

REAU [*T. 1026*] : *Monosyllabique.* Royal d'or, mis en circulation par Charles VII d'octobre 1429 à décembre 1435 mais très rare en 1461-1462 ; de plus, le « rot ».

SALUS [*T. 1287*] : À la fois celui ou celle qui sauve le genre humain (l'argent ou la Vierge) et la pièce en or appelée le *salut,* où était représenté l'Ange saluant la Vierge.

SOUPE JACOPINE [*T. 1162*] : « Souppe jacoppine de pain tosté, de frommage du meilleur que on pourra trouver, et mettre sur les tosteez, et destramper de boullon de beuf, et mettre dessus de bons pluviers rostis ou de bons chappons. »

TARGE (Brette) [*T. 1271*] : C'était le *blanc à la targe,* qui portait au revers l'image d'un bouclier, monnaie féodale en argent d'une valeur de dix deniers ; mais c'était aussi l'arme défensive, le bouclier, et la « targe phallique ».

POÉSIES DIVERSES

Table 255

DOSSIER

DERNIÈRES PARUTIONS

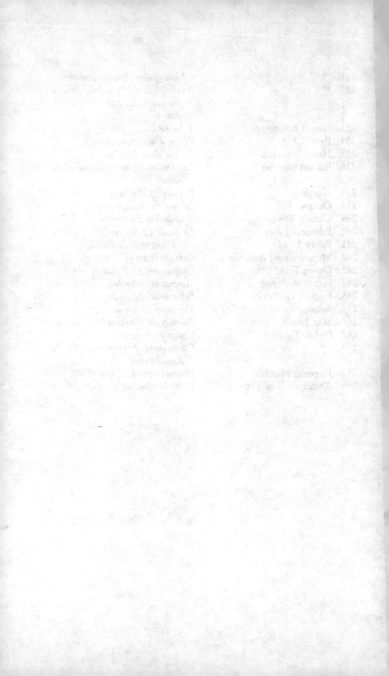

Ce volume,
le quatre-vingt-seizième
de la collection Poésie,
a été achevé d'imprimer par
l'Imprimerie Bussière à Saint-Amand (Cher),
le 18 octobre 1991.
Dépôt légal : octobre 1991.
1ᵉʳ dépôt légal dans la collection : octobre 1973.
Numéro d'imprimeur : 3031.
ISBN 2-07-032069-3. / Imprimé en France.